阅读成就梦想……

Read to Achieve

Design,
Use and Business Models

MOOCs

如何设计优质慕课

探索慕课未来的商业模式

让-查尔斯·庞马隆（Jean-Charles Pomerol）
[法] 伊夫·埃佩尔布安（Yves Epelboin） ◎ 著
克莱尔·图里（Claire Thoury）

韩微 李丹莉 ◎ 译 田 雷 ◎ 审译

中国人民大学出版社
· 北京 ·

MOOCS
DESIGN，USE AND
BUSINESS MODELS

目 录

01

什么是慕课

MOOCS

DESIGN, USE

AND

BUSINESS MODELS

从远程教育到慕课

不可否认，尽管慕课，即大型开放式网络课程（Massive Open Online Courses，MOOC）带来了课堂规模的巨变，但它仍属于由来已久的远程教育（distant learning）概念的范畴。因此，我们有必要先简要回顾一下远程教育的历史发展，从而明确慕课在远程教育领域的重大突破，这也正是本书重点讨论的一个问题。

在美国，远程教育开始于 19 世纪末期。起初，远程教育中心会将课程相关材料及练习资料邮寄给学生；之后，出现了用于课程教授的音频文件。1948 年，美国肯塔基州路易斯维尔大学（University of Louisville）同美国公共广播协会（PBS）签约，使用该协会的广播媒介来支持自己的远程教育。1950 年至 1980 年间，美国哥伦比亚广播公司（CBS）联合纽约大学开发播出了“日出”系列课程，参与远程课程学习的学生可以获得学分。

最初的远程教育仍是将课程的录音带、录像带邮寄给远程学习的学生，因此那时的课程只能叫作“远程教育”而非“在线教育”（e-learning）。然而，随着视频技术的发展，大量的录制课程出现在了 YouTube、大学内部视频服务器、iTunes 以及其他网络服务器上。很多大学也开始提供网络课程，麻省理工学院（MIT）于 2001 年起开展的免费项目——“开放式课程”（OpenCourseWare）就是其中的典范。随后又相继出现了各种各样、内容更为丰富的网络学习项目。这其中包括在线教育平台 Coursera 的创始人之一吴恩达（Andrew Ng）于 2007 年开发的斯坦福大学开放课程项目——“斯坦福大学工科课程无处不在”（Stanford Engineering Everywhere，SEE），该课程提供完整的在线课程并授予学分。此外还有卡内基梅隆大学的“开放学习项目（Open Learning Initiative，OLI）”。而在法国，一家名为 Canal U 的电视台播出了大量诸如索邦大学、法兰西学院（Collège de France）等知名高校所教授的课程。

此外，可汗学院从 2006 年起开始提供在线教学短片（其教学内容并不完全属于高等教育范畴），其受关注度逐年攀升。

无论是传统课堂的录制视频还是辅以视频文件和文档的课堂，它们都有一共同点——不会对课程的受众施加要求。准确地说，听众或观众只需打开收音机、电视机或者电脑即可。在这种教学模式中，学生只是被动的接收者，学生与教师之间并没有交流。在加拿大魁北克省知名政治家吉尔伯特·帕克特（Gilbert Paquette）等一批先锋的努力下，远程教育大学 TELUQ（www.teluq.ca/）于 1972 年正式成立，并很快就在远程高等教育领域占有一席之地。时至今日，该大学约每年面向 18 000 学生，开设 400 门课程。TELUQ 尽管曾一度附属于魁北克大学，但很快便从中独立出来，同其他传统大学享有同等地位。

英国的公开大学（The Open University）无疑是在线学习模式中最成功的案例，这得益于互联网的兴起。除包含以上远程教育的元素外，公开大学还广泛通过电视广播，提供完整的、与其他大学现场教学平行的大学课程，其所授课程同其他大学的课程享有同等地位。

从 20 世纪 90 年代末开始，我们迎来了互联网的飞速发展。从最初的 Word 和 PDF 文件，到随后的音频文件、视频文件，都可以通过互联网进行传播。此外，学生们可以在互联网上注册，这意味着课程的发布者可以追踪其课程受众的人数，但学生和老师之间仍然没有互动交流，因此最初的互联网教育模式依旧是单向的、自上而下的教学模式。

Web 2.0 的到来使得师生之间在线上频繁交流变成了可能。在线论坛开始出现，学生可以在论坛上发表评论，和其他学生或者教师“聊天”，并在线完成练习。这些课程只对注册学生和教师开放，这一点与传统大学相似。随后一些大学开始专门提供这种在线远程教育。这些大学被称为开放大学，也算是对成立于 1969 年的英国公开大学的一种致敬吧。其实，英国的公开大学早在互联网产生之前就已经积累了大量经验。今天，该大学共有 100 000 注册学生，且对身份明确的学生授予学位。从这个意义上讲，公开大学是一所真实存在的大学，其学生遍布英国。

1997 年，美国的西部州长大学（Western Governors University，WGU）在全美 19 位州长的倡导下成立了。这是一所完全虚拟的大学，并堪称慕课到来之前在线高等教育的典范。目前，该校共有学生 45 000 人，每个学期（6 个月）学费为 3 000 美元。

此外，各个大学的学生都有自己的网络账号和数字化工作环境（Digital Work Environment，DWE），以此接收课程课件、练习材料、图片以及视频文件，同时还可以与老师进行交流。很显然，学生的注册账号具有私密性，并受到严格保护，网络工作环境则由学校维护管理。只要带宽流量允许，学生们就可以在家中实时或滞后学习录制课程，这同时也缓解了授课课堂的拥挤问题。只要课程被录制下来，那么该课程就变得唾手可及，学生们可以一遍又一遍地反复观看。目前法国的很多大学就是采用这一授课模式，其中巴黎第六大学的医学院从 2007 年起就采取这一教学模式教授大一学生。有的学校则选择利用 CD 光盘来发布课程资料，如法国的格勒诺布尔大学（the University of Grenoble）于 2006 年在数字化教育专家丹尼尔・帕格尼斯（Daniel Pagonis）和该校校长让 - 保罗・罗曼内特（Jean-Paul Romanet）的指导下，在医学专业大一学生的授课中采用了这一媒介，主要是因为当时的相关录制课程还没有完全被放到互联网上。而在美国纽约大学的医学院和法国里昂大学（Université Lyon），3D 解剖学课程一直以来都被上传至互联网上供学生学习。而这些远程教育的先锋学校大多也将练习材料上传到网上，如在巴黎第六大学及其他院校计算机科学的授课中就是如此，这可能是因为计算机科学课程的练习通常是编程作业，便于远程追踪。

同上述远程教育模式相比，慕课在其教学内容方面大同小异。之所以说慕课是具有“革命性”的，是因为慕课的出现改变了教学中教师与学习者之间的关系。用教学法中的术语来讲，就是慕课让学生成为了课堂的“主导”。在慕课模式中，学习者不再是被动的“接收者”，而是自己学习过程中的主导者。慕课再一次印证了那句俗语——“兴趣是学习最好的老师”。慕课使得这一兴趣可视化，因为报名本身就可以说明学习者的意愿，本书接下来也会讨论到，这样的学习者通常都能坚持完成全部课程。

下面来自维基百科的图 1—1 展示了起源于网络课程和开放大学的慕课这一概念在美国的发展轨迹。开放大学的出现，麻省理工学院开发、哈佛大学随后也参与其中的免费项目——“开放式课程”的开展，并未阻止远程教育的发展演变；相反，这一切还促进了今天慕课这一概念的诞生。从图 1—1 中的连续显示中，我们可以清楚地看到：首先，慕课的发展方向并未有大的改变；其次，如果我们抛开慕课对教学的意义和启示不谈，那作为当务之急，我们应该将慕课视为远程学习。接下来我们会看到，这一结论并非臆测，而是一目了然的。

慕课所带来的变革主要体现在师生关系的改变以及面对面授课形式地位的改变上。本书在后续章节中，会以

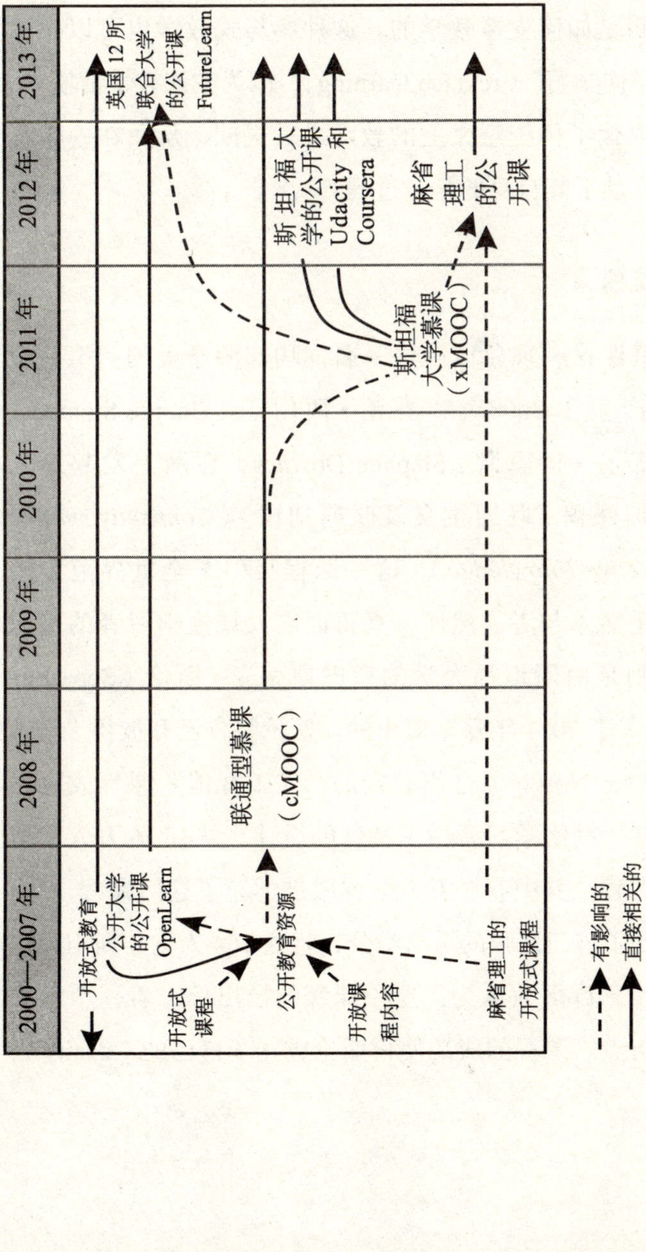

图1—1 慕课发展史

资料来源：维基百科。

参与教学（presence-based program）个案为例，展示学生的提问是如何支撑教学的。这种参与式教学也可以被称为“逆向学习”（reverse learning），因为在该教学情境中，学生取代了传统意义上的教师进行提问，从而在一定程度上推动了其自身的学习过程。

什么是慕课

慕课这一现象以及这一名词均起源于美国。第一个慕课产生于 2008 年：乔治·西门子（George Siemens）和斯蒂芬·道恩斯（Stephen Downes）在网上发起了互动培训课程《联通主义及联通知识》（*Connectivism and Connective Knowledge*）。这一课程吸引了全世界范围内的几千名参与者。然而，真正面向大规模学习者的慕课最早则是由斯坦福大学的塞巴斯蒂安·斯伦（Sebastian Thrun）于 2011 年秋季提出的。斯伦将自己和彼得·诺维格（Peter Norvig）合作教授的“人工智能”课程放到网上，并为网络学习者做了特殊的设计。共有 16 万人注册了该课程，其中有 2 万人全程跟进学完了这门课程，364 人得到了该门课程的最高学分，且这 364 人均非斯坦福大学学生。许多人认为，这一课程的推出标志着一个重要的转折点。课程的成功使得斯伦成立了自己的 Udacity 公司。公司创建的第一年，网站即有了多达40万的订阅者。

两个月后，达芙妮·科勒（Daphne Koller）和吴恩达创建了美国最早的、也是最著名的在线教育平台之一——Coursera。目前，Coursera拥有来自190个国家的1 000多万名学生，提供600门左右的网络课程；edX拥有200万学生，提供200门课程；Udacity提供的课程则不到100门；而www.mooc-list.com网站会定时更新所有有效慕课的列表。

慕课与其他网络课程的不同之处主要在于观众和形式。慕课的课程对所有人开放，不受任何地理限制，数字化的课程使得其在互联网上的传播没有任何障碍。尽管慕课不一定是免费的，但它们都可以通过电脑或平板来观看学习，从而促进了知识的大规模扩散。然而，如前所述，不同于电视播出的课程录像，慕课要求学生必须注册。慕课在一定程度上，可以为其使用者量身定做。慕课有自己的节奏，学生是否可以跟上课程的节奏成为最终评估慕课质量的关键之一。许多慕课由课程导论、新材料介绍、每周练习、小测试以及测评构成。这样，跟上课程的进度，按时完成作业就成了完成课程的关键。完成课程可以有两种形式：一种是所有人在同一时间段内完成，另一种是个人自由选取时间完成。对于远端监控者而言，学生是否完成练习远比学生完成练习的质量容易监控。因此，慕课的评估更多取决于参与者的努力程度而非参与者的能力。学生的能力一般是通过小测试和练习来评估。

另外，慕课最显著的特征就是“大规模”（massive）。由于没有预设限制，慕课的参与者可以无限多，尽管注册和真正完成课程还是有区别的。一些慕课的参与者多到上万甚至几十万，但也并非所有慕课都如此。当课程的参与者足够多，并远远多于面对面授课所能达到的数目时，我们即称该课程是“大规模”的。著名的慕课课程参与者在几百人到15万人之间。当然，这些人并非全部都能完成课程，这一点我们稍后继续讨论。如前所述，斯坦福大学开设的慕课“人工智能”吸引了15万学生注册。法国洛桑联邦理工学院（Ecole Polytechnique Fédérale de Lausanne，EPFL）的马丁•奥德斯基（Martin Odersky）教授开设的关于SCALA语言慕课教程自上线至今，注册学生高达5万余人。于是这就给我们提出了一个问题：注册人数是慕课的重要特征，还是网络学习的重要特征？换言之，如果一门课程的参与者只有20人左右，那么这门课程是否还可以称为慕课？对这一问题目前争议较大，即使在慕课使用者中间也很难达成一致。这像极了哲学典故“忒修斯之船”（The Ship of Theseus）：当船上所有的部件都被置换过后，这艘船是否还能被称为忒修斯之船？当然，目前这一问题已经逐渐变得没那么复杂了，因为针对小规模受众的慕课前途似乎一片光明。此外，还有一点值得注意的是，法国洛桑联邦理工学院的经验告诉我们，用英语开设的慕课课程要比用法语开设的相同课程吸引的参与者多10倍，对于其他语言亦是如此。

慕课的另一大特征是“开放性”，慕课的注册是不受限制的，对所有参与者开放，对参与者的所在学校和学历或职业没有特殊要求。当然，这一“开放性”并不一定意味着“源代码开放”或“路径开放”，换言之，授课软件、授课内容以及课程参与者的个人信息并非可以随意更改。此外，“开放”并不一定是“免费”。

慕课的特征还包括“在线”，所有的课程内容包括练习内容的设计都应考虑网络传播的特殊性。慕课并非仅仅将课程内容置于网上，进行单纯的知识传播，还有其自身的教学进度。课程相关的练习、作业甚至考试都应该在网络上体现。这样，才能保证参与者不受地理条件所限，只要有网络就能跟上课程的进度。此外，慕课可以按参与者希望的进度为参与者量身订制。

慕课是大规模的和开放的，这意味着教学不是针对某一特定空间的十几名学生，而是面向全世界的学生。然而，尽管是开放的，慕课还是需要学生注册的，慕课的发起人需清楚知道该门课程参与学生的信息，只是注册本身是免费的，且无限制条件。慕课对大众开放，意味着当有人在课程关联论坛中提问时，问题并非只指向教师，同时也指向所有参与该课程的其他学生。这就使慕课在一定程度上保证了学习自主性，因为这时学生不仅仅跟老师进行互动，还会与同学产生交流；学生之间可以互相提供帮助，对课程的新建模块、课后作业等提出建议。简言之，学生已开始“构建”自己的课堂。慕课课堂进行的是一种集体知识构建，而非传统课堂中简单的信息传递。

例如，教师希蒙·肖肯（Shimon Shocken）在自己的计算机科学慕课中提出了一个与课程相关的问题。当晚他就发现已经有学生先于他在论坛中提出了这个问题，而就在他编写该问题答案的同时，他还发现论坛中对于此问题已经有了大量的回应。肖肯仔细阅读了这些回应信息后，发现学生们早已在论坛中讨论出了正确答案，也就是说学生们早已自己完成了知识构建。这一现象被后来慕课的参与学生不断重演。

提起慕课，有些人会想到“翻转教学”或“翻转课堂”。所谓“翻转”，并不是指要学生反过来教老师，但师生关系在“翻转课堂”中的确是发生了巨大的变化[①]。首先，师生之间的交流是双向而非单向的；其次，学生之间有了交流。慕课也好，翻转课堂也好，师生之间关系的改变才是其有别于传统网络课程或录像课程的关键所在。根据计算机科学网络课程的先行者克里斯蒂安·凯内克（Christian Queinnec）的定义，慕课其实就是一种远程教育，辅以远程评估和以学生交流为导向的社交网络平台。

Coursera的联合创始人达芙妮·科勒表示，她创建在线教育平台的初衷是要将学生在课堂上单纯听老师传递专业知识的消极时间转化为积极时间。科勒教授的这一想法很好地概括了翻转课堂的精髓——“把讲座搬回家，

①“翻转教学”的概念最早由两位中学教师乔纳森·伯格曼（Jonathan Bergmann）和亚伦·山姆（Aaron Sams）在2007年提出。他们将自己的课程放到了YouTube上以便学生可以在家完成预习。——译者注

把作业搬到课堂”。课堂内容讲座置于网上，可供学生课前或课后学习。这样，课堂主要用于学生之间的横向交流，而非老师与学生之间的纵向知识传播，最终形成从学生到老师的交流，学习者的学习过程应该是主动的，而非被动的。正如马赛尔•勒布伦（Marcel Lebrun）在其博客（http：//lebrunremy.be/WordPress/）中所说：“我们老师教的越少，学生学到的越多。”我们必须有这样一个认识，即课后的学习远比课堂本身重要。根据 Coursera 倡导者的说法，教师的角色将在未来几年发生巨大的变化。在他们看来，师生交流的基础是寻求最佳答案。此外，互联网的普及，以及网络百科（如维基百科）的出现，带来了信息获取途径的普及，尤其是原始知识（raw knowledge）的获取。教师在知识传播中的垄断地位逐渐消失，学生甚至开始慢慢意识到教师知识的局限性。我们注意到，越来越多的学生在上课时会上网搜索资料，验证教师讲授内容的真伪。在法国，阶梯教室往往成为大一学生利用手中平板验证教师授课内容或跟同伴评论授课内容的场所。教师的角色受到了越来越大的挑战，学生在课堂上似乎越来越不认真听讲。我们接下来会讨论阶梯教室授课在未来将会被慕课所取代。

慕课使得学习者有机会进行交流，较之批改作业的方法，学习者的期望值和能力水平可以得到更好的监控，教师可以根据监控结果对课程进行相应的调整。

慕课课程的类型

慕课除了共有的特征外，根据其不同特点可以分为两种类型：一种为经典型慕课，如传统课堂般引导学生沿着既定的、清晰的教学路径完成课程，这种慕课叫作“基于行为主义学习理论的 xMOOC”或“知识传播型慕课（transmissive MOOC）”；另外一种为弱化（教师）指导性，被称为“基于联通主义学习理论的 cMOOC”，这种类型的慕课要求学习者根据置于网上的课程材料，自己构建个人课程表、控制进度，通过学习者之间的有效沟通，构建自身的学习过程。

知识传播型慕课

知识传播型慕课类似于传统的教学模式，因为知识传播型慕课本质上是将已有的课程内容置于网上。根据斯蒂芬·道恩斯的说法，xMOOC 中的 x 代表单词 eXtension，意为对传统教学的补充及拓展，与 MITx 中的 x（代表对麻省理工学院校园活动的补充及拓展）如出一辙。除网上授课内容外，授课教师还需布置课后作业和相关实践，并提供网上资料使用指南以及学生评测。慕课中包含课程所需教授的相关知识，课程内容的设计总体上是循序渐进的。课程的学习内容及学习目标均由慕课的设计者预先设定。

知识传播型慕课最主要的目的是知识的传播。由于其与传统课程教学模式类似，即使慕课内设有论坛及同学间评测（有时只是摆设），学生学习的自由度还是比较有限。Coursera 和 edX 授课平台实际上提供的都是知识传播型慕课。

例如，法国洛桑联邦理工学院的知识传播型慕课均由教师引导，以提高内部供需为目的，旨在通过翻转课堂模式，增加师生之间的交流，以取代大一学生的阶梯教室授课，从而提高教学质量。洛桑联邦理工学院同时也提供一些面向世界范围的课程，但旨在提高其学校的世界声望。从目前的反馈来看，洛桑联邦理工学院并不准备将这种慕课授课模式全面展开，完全取缔面对面的师生授课模式，其学生目前仍可以在传统授课模式和慕课授课模式之间做出选择。

另外一个知识传播型慕课的例子是由法国布列塔尼国

立高等电信学校（Telecom Bretagne）的让 - 马里 • 吉列特（Jean-Marie Gilliot）提供的关于（手机）蜂窝网络的导论课程。该课程尽管未对授课学生及所需知识储备进行限制，但课程的介绍十分详尽，教学目标明确，课程大纲十分明晰。但本质上，这种慕课与网络公开课相似。在马修 • 西塞尔（Matthieu Cisel）[①] 看来，这两类课程的唯一区别在于慕课课程活动的多样性。在慕课中，课程活动可以有个人作业、小组作业、自我评估、同学互评等。一般而言，知识传播型慕课有 6 ~12 节课组成，每节课的每一小段授课大约持续 10 分钟左右，之后伴以作业、练习等各类课程活动。每节课一般需要 1 小时左右的视频授课，伴以 3 ~ 4 小时的个人练习及阅读时间。

联通型慕课

联通型慕课以参与教学法为依托，由学生自己掌握学习进度，通过同学间的交流得出自己的答案。这种教学模式新颖，课程知识一部分来自教师教授，一部分来自学生自身生成，课程进度由学习者自己构建。课程参与者使课程得以延展，学习者之间互相帮助构建及传播课

① 马修 • 西塞尔是卡尚高等师范学院（ENS Cachan）的在读博士生，对“慕课革命”极为感兴趣。读者可以访问其博客 http：//blog.educpros.fr/matthieu-cisel/2013/06/30/une-typologie-des-mooc/。——译者注

程内容。联通慕课如同一款免费软件，有自己的使用者社区，属于参与教学法范畴[①]。

联通型慕课采用的是开放性教学风格，以知识网络和社区网络为基础。根据维基百科，“联通主义”的概念来自乔治·西门子和斯蒂芬·道恩斯，用于在信息时代的网络化世界里探讨学习的本质。这方面极具影响力的一本书是西门子2004年所著的《数字时代的学习理论》（*A Learning Theory for The Digital Age*），其最主要的概念就是联通网络。第一个联通型慕课，从严格意义上讲也是第一个慕课，来自乔治·西门子和斯蒂芬·道恩斯于2008年推出的关于联通主义的课程。在联通型慕课中，教师的工作不再是向学生传授知识，而是促进学习者之间关于某一话题的交流。

联通型慕课有很多例子。如Itypa（法文Internet Tout y est Pour Apprendre的缩写，意为“互联网：所有你想学的”），创意来自乔治·西门子和斯蒂芬·道恩斯的慕课课

① 马修·西塞尔在其博客中将“共同构建”这一概念应用到科研领域：科研参与者共同构建知识。西塞尔还为此提出了口号“大型在线开放式研究”（法语为Osez laMOOR，直译为英文是Massive On-Line Open Research）。法语中有一句谚语“Osez l' amour”，意为“敢于相爱”。西塞尔借用此谚语改作“Osez laMOOR”，直译意为“敢于慕课”。参见http：//blog.educpros.fr/matthieu-cisel/2013/09/20/osez-la-moor/。——译者注

程，鼓励学习者以网络所提供的资料为基础拓展自身的学习。Itypa 不会对学习者进行正式评测，也不会向学习者授予学位或证书。每位学习者都是独立的，无需上交任何作业。

爱丁堡大学提供的课程“在线学习与数字文化”（E-learning and Digital Culture）也属于联通型慕课。学习者如果想要通过该门课程，必须创作出自己的数字化作品，由其他学习者进行评估。

斯蒂芬•道恩斯对慕课进行了如下的诠释：利用慕课这一学习软件，每个学生可以根据自己的学习需求和学习目标选定适合自身的学习内容，同时为课程的传播作出自己的贡献。道恩斯强调慕课中学习者的参与和贡献，他认为不存在适用于所有人的知识；课程旨在促进互动交流，从而生成知识的更多相关元素。

表1—1来自设计出法国第一个慕课课程的让-马里•吉列特，并稍作修改。教学模式则来自吉列特的个人网站，包含一些适用于高等教育的创新教学法。从表1—1中，我们可以清楚地看到知识传播型慕课和联通型慕课之间的区别，前者与传统课程类似，后者更具创新性。

表 1—1　　　　　　　　慕课的不同类型

	基于传统教学课堂	基于“联通主义”模式
教学模式	传统模式：讲课—实践—练习—评测	联通主义
知识	课堂讲解	传播—生成
串连知识点	教师讲授	学生构建
学习目标	由教师制定	由学习者按照自己的学习目的制定
学习过程	跟随教师完成预先设定的课程	自行把握方向，建立联系
学习资源	课堂上教师指定	由学习者贡献，大量
学习者之间交流	偶尔	非常重要
互动	网站论坛	从共享门户网站开始，到学习者构建自己的博客
同步性	教师控制	学习者自由选择上课时间
共鸣		学习者之间
鼓励独立和自律		掌握电子技术
创新能力培养	单学科	跨学科
认证	大学或公司	大学或同学间互评（徽章）①
连续评估	自己	同学间
技术平台	集中	虚拟学习环境
教师地位	教师向学生灌输知识	引导

①“徽章”是近几年出现的一种电子认证形式，更多信息可参见 https：//backpack.openbadges.org/share/55751ea38a1c3cd8ee5e1d7298e919fd/。

——译者注

根据 Unow 和马修 • 西塞尔的说法，区分知识传播型慕课和联通型慕课有课程目标、课程参与的先决条件限制、课程资源类型、课程活动以及参与者的学习自由度五个维度。

有些慕课既属于知识传播型又属于联通型，如法国洛林大学（Université de Lorraine）的弗朗索瓦 • 科勒（François Kohler）所开设的关于应用统计学的课程 Courlis。涉及知识传播型慕课的部分由教师指导完成，主要是关于学习资源的选取方面，目的是帮助学生选取尽量少的资源。每周教师会指定一定量的作业，参与者要从课外带回额外的知识，有些作业由学生自己批改，有些则由同学批改。涉及联通型慕课的部分则是让学生将课程的某一课题应用于自己的专业领域，并将结果展示给大家。这一部分要求比较宽松，所占的课程比重有限。

最后，除了 x 和 c 外，MOOC 前面的前缀还有很多。让 - 马里 • 吉列特还用到了 iMOOC（investigation-based）意为调查型慕课，其余的还有 tMOOC（task-oriented）意为任务型慕课，以及 pMOOC（project-based）意为项目型慕课。

小型私人在线课程

说到慕课的特征，我们一直在强调其“大规模”的特性，即慕课面向的是大量的注册学生，但这一概念其实并不十分明确。实质上，当一门课程置于网上时，其潜在的受众可以无穷多。然而，注册学生的数量会改变课程的性质吗？答案是否定的。我们可以想象，有些慕课是为特定的受众所设计的，如专门面向大学里攻读传统学位的学生。这种由教学团队专门为在校学生设计的慕课课程，近些年开始被称为“小型私人在线课程”（Small Private Online Courses，SPOC）。这一术语的推广得益于加州大学伯克利分校在线教育主管阿曼多•福克斯（Armando Fox）教授。福克斯教授在与大卫•帕特森（David Patterson）合作开设了一门软件工程网络课程后，成为了小型私人在线课程的忠实拥趸。这类课程有时也被人们称为“小规模限制性在线课程”（Tiny Online Restricted Courses，TORC）。

小规模私有在线课程在本质上仍然是慕课，只是受众变成了传统大学里的学生。本书后面会讨论，小规模私有在线课程的出现改变了教师的教学视角。教师利用小规模私有在线课程授课，旨在让学生在自己的学习过程中成为积极的参与者："……如果我们不把慕课看作对传统课堂的取代者，而是将其看成是传统授课的补充，那么慕课的使用可以提高教师的教学影响力、学生的学习效率、学生对课程内容的掌握以及学生的课堂参与度。我将这种模式成为 SPOC……"因此，即使慕课的出现对于大学教育不能产生划时代的革命意义，至少也会改变大学的教学模式，我们还将看到大量小型私人在线课程的出现。在本书第 5 章中，我们还会谈到慕课与教学的关系。

小规模网络公开课

慕课推行所遇到的一个障碍是学生水平的参差不齐，注册条件不加限制，因而导致学生课程学习失败，这一点本书后面还会谈到。针对这种情况，近些年又开始出现了名为"小规模网络公开课"（Small Open Online Courses，SOOC）的课程。学生在注册这类课程前需要通过相关水平的测试。皮尔森实验室（Pearsons Labs）的阿玛尔·库玛尔（Amar Kumar）将慕课这一概念比作俄罗斯套娃，里面装着同一文档材料的三个级别，即 MOOC、SOOC 以及 SPOC。

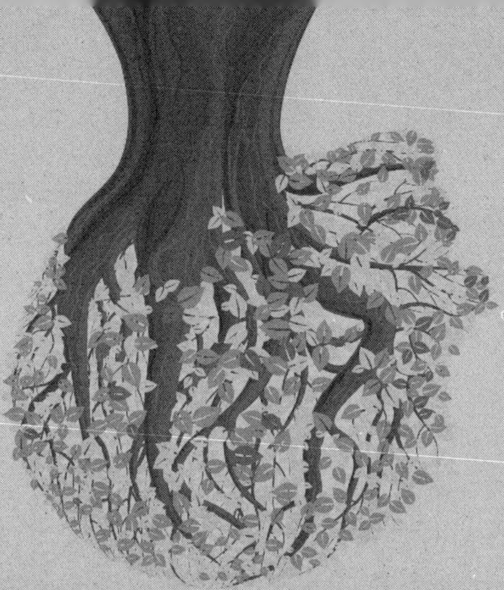

02

如何构建慕课

MOOCS

DESIGN, USE

AND

BUSINESS MODELS

从传统课堂到慕课

在传统课堂上，老师一个人站在所有学生前面宣讲，备课完全是老师一个人的工作。即使是大型教学团队一起教授许多平行班，集体为学生布置作业并批改，部分备课工作由集体完成，但本质上，课堂的教授也仍是由教师独力掌控。

慕课在最初诞生时跟传统课堂区别甚小，其主要的区别体现在慕课的技术支持人员上。

- 课程相关内容需要录像、编辑后置于网上，这需要专业技术人员的支持。
- 课程需要辅以文本文件及图例展示。在传统教育中，并不是所有的教师都会向学生分发课程参考材料。有些教师会指定大学图书馆的馆藏书籍作为参考。而在慕课教学中，课程相关内容必须完整地在网上呈现，或是教师自己撰写，或是共享的开放教育资源（Open Educational Resources，OER）。这种支撑材料的构成与书单的简单罗列有着本质上的不同。
- 慕课课程需要通过测试的形式为学员提供在线练习，这要求教师对测试的内容和形式进行特殊的设定，因为网上测试不同于纸质测试，纸质测试可以灵活地进行人工批改。

同时，所有的慕课设计者都会强调课程相关文档的技术质量，无论是视频文档还是文本文档。我们判断一本书的好坏，更多的是看其内容，而不是其形式或书中表格、图例的质量。但慕课不同，慕课的格式极为重要，而大多数情况下，这部分的编辑只能依靠专业人士来完成。很少有老师有这方面的知识和才能，更少有老师愿意在这上面投入精力和时间。

另外，关于文档中例示材料的版权问题也不可忽视。尽管在教学材料或私人材料中引用文献中的图表或图例并标明出处是允许的，但慕课的性质是要面向世界范围的，随意引用文献是被禁止的。引用一小段文字并标明出处是可以的，但如果要引用图表、图像等图示，在使用前一定要征得版权人的同意。这项工作极为耗费时间精力，有时甚至是不可能完成的，所以更便捷的方法是重新绘制图例，不过照片除外。这一问题在学术专业课程中尤为突出，对于地理学或地质学这样需要包含大量图片的课程而言，有时甚至成为此类学科慕课发展不可逾越的障碍。

最后一点，大部分的慕课，尤其是知识传播型慕课的进度要以周为基础有规律地推进。这一点对于教学尤为重要，在圣何塞的实验说明了缺乏完善的教学日历对于慕课是灾难性的。实验课程中的大部分学生得分极低，其主要原因似乎是学生对于课程进度的把握具有的自由度过高。很多老师可能并未意识到这一点，因为在有些国家，教师很少在学期初就提交课程计划并严格按其进度执行。教师一般会根据学生的课程反馈评估教学进度，并主观地调整该门课程的教学计划。在慕课中，教学进度以及教学节奏必须事先设计完成，对学生每周的工作量需要事先做出准确评估，否则即使是最踊跃的学生，其积极性也可能会被打消，从而使慕课本身极高的退课率变得更高。慕课课程应该有一个类似于电影或卡通制作的情节串连（storyboarding），即每一小段课程单独成立，而各段课程之间的关联需经过仔细设计，以保证观众不断向前推进观看的欲望。对于慕课非常重要的一点是，要牢记慕课每一小段的内容密度与面对面授课大相径庭，慕课的每一小段课程必须非常短（见下文）。

因此，慕课是一个需要整合各种专业技能的课程项目。与任何一个团队项目一样，慕课项目的完成需要相关的协调和监督；简言之，慕课的制作需要由项目经理来完成。而我们也可以想象得到，大部分教师是不愿在他们的岗位职责外再额外给自己附加这一工作量的，同时也并不是所有的教师都具备项目经理所需的技能。

慕课课程的创建团队

教师队伍

教师是慕课课程项目的“专员”：他们制定课程的目标和进度，并和项目经理一起起草课程内容文本，录制授课视频文件。

与传统课堂不同，慕课教师要书写课程相关文档，并提供相关材料的网址链接。更为重要的是，教师要录制授课视频。并不是每个人都具备公众演讲方面的才能。有些老师在教室里面对少数学生授课也许很放得开，但站在摄像机前却是另一番景象。我们见过太多的平庸演说者，或羞涩，或犹疑，他们可以因为具有其他的品质而成为老师，但这样的教师出现在慕课授课视频中的结果却是灾难性的。确切地讲，录制慕课视频就如同拍摄电影一样，需要通过试镜找到最适合的演员。

这一点很有趣，因为慕课最早的开发者以及主要的大学联盟主张的是慕课让普通人有机会跟随最好的老师（在他们看来，即跟随某一领域最有名的学者专家学习）学习。然而，最有名的专家不一定就是最出色的演说家，尤其是站在镜头前的时候，有些学者甚至拒绝出现在慕课视频中。

确定录制视频人选时还要考虑授课教师是否“上镜”，这在学术界并不是必要属性。

教学设计人员

教学设计人员需要扮演一个混合型角色，他介于课程教授和数字化处理之间。这个角色应该了解如何使用设备，熟练掌握学习管理系统（Learning Management System，LMS），同时还应具备授课技能，以便可以建议、指导负责授课内容的教师。教学设计人员需要帮助教师串连课程，制订每周授课计划的细节，并将一切课程活动，如授课视频、阅读文档、课后作业（不一定需要上交）以及问卷调查等串连在一起。教学设计人员既要辅助项目管理，又要参与项目监督。因此，他最好能掌握该门课程的授课内容，以便更好地处理手上的材料，更准确地评估课程所设置的进度和节奏。例如，对于理科慕课课程，该设计人员应具有理科方面的学历，辅以电子工程和教学的技能。

对于教学设计人员而言，另外一个选择是雇用博士进行项目相关内容的监督，让其与数字化教学领域的专家紧密合作。

授课视频制作团队

慕课的每一段授课视频约 10 ~ 15 分钟，其质量是评估一门慕课课程的关键。10 ~ 15 分钟看似很短，但研究显示，人们在观看视频时注意力下降得非常快。菲利普·郭（Philip Guo）的研究[①]表明，人在观看视频 9 ~ 12 分钟后注意力会骤降。因此，慕课的授课视频应该效仿 YouTube 上的视频格式进行切割，以方便学生观看。

授课视频的制作分为授课视频文件的录制和文件的编

① 参见 https://www.edx.org/blog/optimal-video-length-student-engagement/ 上菲利普·郭的文章《保证学生注意力的最佳视频长度》（*Optimal Video Length for Student Engagement*）。——译者注

辑两个阶段。授课教师要有心理准备，在录制过程中可能需要重拍很多次，因为那些在阶梯教室里并不起眼的犹豫或是结巴对于慕课视频来说则是灾难性的。在授课录制过程中，教师最好站在交互式电子白板前或手持图形写字板，用以演示所讲内容。只是坐着授课或教师朗读课文的视频是不会吸引学生的注意力的。

要达到上述所要求的，需要有设备完善的工作室，最好有多个录制镜头，这样就可以在录制过程中切换拍摄角度。

第二阶段则是由技术人员编辑视频文件，从多次重拍中选择最好的片段串连，并删除视频中的沉默或失误部分。录制一个小时的授课，大概需要四个小时，因为需要反复拍摄以及不可避免地会出现空载时间。而编辑一个小时的授课视频文件则至少需要三十个小时。减少编辑时间意味着视频质量的下降，而视频质量又恰恰是慕课参与者用来判断课程好坏的一个重要标准。

让学习者跟随视频教学并非易事，因此视频制作人员应该注意切换拍摄角度，提高视频文档质量，更好地保证学习者观看视频时能够集中注意力。这一点对慕课课程的构建至关重要，这意味着无论是相关设备还是技术人员，在制作过程中都要保证有充足的可用时间。很多大学会选择雇用有意愿且视频制作技术熟练的学生来解决这一难题。

在许多著名大学里，还相继出现了多媒体团队和新信息技术团队，以便更好地使用视频制作技术。

我们从以上的分析中可以看出，从将课程置于网上到师生互动管理，再到视频制作，最后运行慕课，这几项工作之间的连续性很重要。因此，构建慕课项目团队时，最好的方法是拥有一支经验丰富的多媒体团队。事实上，在我们看来，这一点才是决胜关键。

美术设计师及网站管理员

如上所述，文档的技术质量尤为重要。在（传统）课程讲义中“还可以”或是可以接受的在慕课中却是统统行不通的。由于各门课程的文档性质不同，设计工作范围也相应比较广泛，可能只是对普通文档进行排版，也可能是绘制图表或图例。有些图例的绘制需要一天多时间，有些只需一个小时左右。

对于理工科领域的课程而言，撰写包含复杂公式的文档比较耗费时间，这主要取决于授课教师授课文档的形式和质量。相关的排版时间会因情况而定，我们的经验是不同情况差别较大：有些设计排版需要一天左右的时间，有些则需要一个月。当然，最重要的还是要看技术人员的水平。

集成人员

集成人员的职责是将课程文档集成到慕课平台上，这需要他们在技术层面上十分熟悉操作平台。将视频文件或 PDF 文件整合到操作平台相对容易，但有时需要对已有文档进行处理，利用平台工具创造新文档，这就比较费时了。

对于集成人员来说，创建课程相关的网络测试可能相当费力，关键的一环是授课教师要向集成人员清楚地阐释其测试问题的结构。在一些案例中，这一项远不止创建试题那么简单。一般通常是由教师自己完成测试题的集成，在这种情况下，他们需要一个容易联系到的人指导其完成技术层面的操作。

课程内容串连、相关文档设计以及测试问卷均准备完毕后，将所有这些相关材料集成到平台上可能需要 10 ~ 20 个小时左右。通常，这项工作由教师和其助手一起来完成。

测试人员

慕课课程在推出之前，必须由具备相当能力的学生运行测试，仔细复审每个细节。测试人员要检验的不仅仅是相关材料的质量，还有课程的展开节奏，保证每一点所需要的时间跟预设时间是一致的。另外，还要注意检验测试问卷是否达到最初的预设目的。跳过这一步可能会让开发者颜面尽失。这种失败在传统课堂上所带来的后果尚可勉强应付，但在互联网上，这意味着教师及其所在机构的名誉将受到毁灭性的打击。其中一个例子来自美国佐治亚理工学院所提供的慕课课程《在线教育入门：规划与应用》（*Fundamentals of Online Education*：*Planning and Application*），该课程对参与者的作业小组构建没有给予清晰的指示，且软件本身存在缺陷。

项目经理

项目经理在项目参与者之间负责协调工作，并要掌控好各个模块的完成时间。项目经理在慕课课程项目中的作用极为关键：只有当所有文档都集成到网络平台上并完成测试后，慕课课程才能真正开始。因此，项目经理需要每日监控项目的进程，保证项目链条中每个环节的正常运转，防止某个环节出错而导致整个项目停滞。

项目经理可以是相关教师、教学工程师，抑或是拥有项目所有相关知识的博士生。值得注意的一点是，项目经理的职责相对于其他项目参与人是独立的，因此才需要另择人选，对其在项目中扮演的角色需要仔细斟酌。

慕课运行步骤

在教师决定参与慕课项目后，首先需要申请并获得官方批准，在课程内容串连完毕后，需要对项目工作量进行评估，以便对相关人力成本作出预算，并在其所在大学批准项目后，提供必要的资源。以上一切都结束后，就像任何一个项目的运行一样，需要开始起草一份文件。

开课项目声明

为更好地宣传，也为了学生更好地选课，慕课课程必须先在开课前，预留出足够长的时间来发布开课声明。那些主要的高校联盟慕课平台（如 Coursera、edX 等）至少会提前三个月发布开课声明，并且定期讨论要开设的课程。

同这份声明一同置于高校联盟慕课平台门户网站页面上的还有以下两份文件。

- **课程大纲**（syllabus）。课程大纲应扼要简述课程的重点、持续时间、预先知识储备要求等相关信息，以便学生获得充足的信息，决定是否选课。
- **预告视频**（teaser）。事先制作 2 ~ 4 分钟的视频，由授课教师陈述课程的精彩卖点。

这两份文件一定要精心制作，因为它们的质量决定了报名人数的多少。

那么何时是发布开课声明的最佳时机呢？这取决于项目的进度。虽然应该在开课前尽早发布声明，但如果出现成千上万名学生等着上课而课程却由于项目进度迟迟不能开课的情况，那后果将是无法想象的。在未进行完整规划和测试的情况下就贸然开课的失败教训并不少见。

对预热视频的发布时间以及课程的公开时间的选择非常重要。一旦发布开课声明，课程就必须在指定日期开放，当然这也意味着所有的授课视频都要在此之前准备完毕。因此，法国的教育平台 FUN 主张在发布开课时间之前要将所有的工作准备就绪。

第一步：立项

所有相关人员（包括教师以及技术支持团队）会聚集在一起，共同商讨要开设的课程，广泛收集资料，评估所需工作量，完成这些工作需要花上一些时间。和教学设计人员一起考虑课程的串连设计需要一些时间。此外，撰写文本文档、搜集相关图例也需要一定的时间。总之，我们可以对技术支持人员、美术设计师、集成人员等参与者的工作时间作出估算。

为更好地确定发布时间，我们还需对项目进行规划。

第二步：制作

不同文件的制作可以同时进行，不一定非要等到文本文件和测试问卷完成之后才开始视频文件的录制。

例如，最为典型的慕课课程一般持续 8 周，每周要有一个小时的授课视频文件（分为 4 ~ 6 小段）。这样，录制视频的时间约为 32 个小时，编辑视频文件需要大约 240 个小时，也就是说录制视频前后需要大概两个月的时间，录制工作在发布声明时就要开始，最好是先于发布时间就已开始。

教师撰写文本文档的时间较难估算。根据我们手头上的材料估计，对于一个需要 8 个小时授课视频的课程，文本撰写时间大概需要两周，也就是说 70 个小时左右，当然这还要看课程的学科领域。这个估算结果会有很大的伸缩性，因为有的撰写者在项目开始前已经拥有了一定的文本资料。70 个小时并不包括最终文件的页面设置时间以及图示绘制时间，这取决于课程内容的复杂程度、公式、符号以及图例的数量。这方面的撰写时间需要专业人士根据样本作出估算，或者几天，或者几周。有的老师提供的是终稿，有的提供的则是草稿，这无疑会增加集成人员和美术设计师的工作时间。同样地，这一时间还和授课教师的经验以及文档积累有关。表 2—1 所示的是慕课开发的典型事项时间表。

从上述慕课开发规划的典型事项时间表中，我们可以看到慕课项目组建规划的复杂性以及设置项目经理的

表 2—1 慕课开发的典型事项时间表

步骤	周数																			
	$\bar{n}$	…		$\bar{3}$	$\bar{2}$	$\bar{1}$	发布消息	1	2	3	4	5	6	7	8	9	10	11	12	开课
预告视频																				
情节串连																				
大纲设计																				
授课准备																				
录制视频																				
编辑视频																				
合成视频																				
撰写文档																				
文档页面设置																				
处理文档中图示																				
集成语料																				
集成文档																				
集成问卷																				
集成视频																				
测试																				
校准																				

必要性。每门课程持续时间不定，唯一相似之处是视频时间大体都差不多。表 2—1 只供读者参考，具体项目规划应视实际情况而定。但通过表 2—1 可以看出，慕课项目的准备工作要远远早于官方发布声明的时间，企图在 3 ~ 4 个月甚至更少的时间内拼凑出一门慕课课程是不现实的。

慕课的开课发布声明和开课时间一定要协调好。若想再精打细算一些的话，项目开展所需的时间可以缩短：在课程内容串连设计完成前就可以开始准备前期的视频授课了，其余必要的步骤是不能够省略的。然而在现实操作中，各个模块不可能理想地平行进行，因此项目开展所需要的时间会更长。在理论层面上，我们可以从表 2—1 中看出时间至少是 4 个月。可以说，一门慕课的登场实质上是一项大工程。

慕课的构建要比传统意义上的备课复杂得多，需要类似工程项目级别的组织协调工作，这在教育界并不常见。我们将会在下一章继续谈论这一点。

资源需求

既然慕课是一门课程、一个交流互动平台，这就决定了我们需要一系列的软件来编辑文档，管理互动交流。通常，项目开发者会利用一个多功能工作室平台作为开发工具。平台可以用来编辑课程内容，帮助设计团队对文档排版格式化，嵌入视频以及图片。同时，平台不仅可以用来处理师生之间的互动交流，还可以提供论坛、聊天室等多种小组讨论模式，以及管理作业的嵌入和批改。总之，所选取的软件平台必须具有高级文档编辑能力，并且可以管理各种各样的师生交流模式。目前市场上已经有很多专门为慕课服务的平台，随着慕课市场的不断扩展和多元化，新的平台也在不断涌现。值得注意的一点是，有些慕课设计者采用的是学习管理系统平台，如 Sakai、Moodle（Modular Object-Oriented Dynamic Learning Environment，意为“模块化面向对象的动态学习环境”）以及 Claroline 等。这三个在线平台都是开放源代码的，可以提供很多视频嵌入、作业嵌入以及管理学生方面的功能。Courlis 采用的就是 Moodle 平台。Claroline 学习管理系统是由比利时天主教鲁汶大学（Catholic University of Leuven）开发的，马赛尔·勒布伦带头使用，目前在法国里昂第一大学 SPIRAL 开发团队以及比利时瓦隆地区政府和法国罗纳阿尔卑斯地区政府的帮助下，正在转型为新一代在线学习管理系统——Claroline Connect。

目前还有很多平台处于研发阶段，很难判断出这其中谁会成为佼佼者。很明显，那些经典的在线学习平台，如 Moodle 或 Sakai，会不断改进以适应慕课的需求。同时，在线学习领域的老大哥英国公开大学也自主开发了 FutureLearn 平台在英国推广，Miriada X 则在西班牙推广。各类平台开始不断涌现，有些会向嵌入课程收取一定费用。未来，我们无疑会看到各种开源在线平台的不断发展。目前，我们已经拥有了 OpenedX 这样的开源项目平台（参见第 4 章）。

这里还有一点提示，不要将软件平台与硬件平台弄混。软件平台是创建开设慕课的关键，硬件平台则是指计算机基础设施及相应的操作软件，为大量使用者同时提供高质量、大信息量的服务。

创建非视频文件的硬件资源和软件资源比较常见，通常是 PDF 或 HTML 格式，只要你有 Office、OpenOffice

和 Photoshop 等方面的技能就可以完成了。

对于视频文件而言，一个简单的可以切换镜头的录影室就足够了。另外，视频必须是高清的。视频中应该既能看到授课教师，又能看到课堂演示文件，这样可以保证学习者注意力集中。要尽可能地避免视频中只出现演示文件，配以授课画外音。对于法学或人文学科的课程，只录制教师授课部分，辅以幻灯片演示是可以接受的，但对于理工科课程，最好不要录制这种形式的授课，学生很快会感到无聊的。

我们比较推荐教师利用图形平板或电子白板授课，这样可以拉近学生与老师之间的距离。循序渐进地手写展示板书，会使课程变得十分精彩，尤其是授课中涉及图表或方程式时，教师实时地展示公式、图示会让最终的课程视频呈现充满活力。当然，这需要像 Camtasia、BB FlashBack Pro 4 及 Screenflow（for Mac）这样的录屏软件。

录影室的设备配置可能需要花费 3 万美元以上，当然在不太影响录制质量的情况下，所需配置费用可以低一些，但这主要取决于视频内容的复杂程度。理工科课程由于教师需要使用平板或交互式白板进行展示，因此，相比录制一场单纯的演讲，其录制肯定需要更复杂的资源配置。

录制视频时，要尽可能多地使用一些电影制作的技巧，来吸引学习者的注意力。

至于视频文件的编辑和合成，可用的软件很多，如Final Cut、Premiere 等工具。录影室的配置成本很快就会由高质量的视频文件所补偿。真正要考虑的问题是视频制作的人员配置，有些教师喜欢将编辑工作转包给专业公司，但这会提高所需成本。关于这一点，我们将会在第 3 章中继续讨论。

总之，慕课项目的开展需要各种各样的专业技能。在开始之前，应该仔细考虑下面两点。

一是定位项目，即

- 到底想要推广哪门课程？课程目标有哪些？
- 课程的时长和形式是否适合所选择的慕课类型？
- 课程的受众是哪些人？

二是项目前期准备，如

- 项目团队是否已确定?
- 项目经理的人选是否为所有项目参与者认可?
- 手上的资源是否齐全?
- 项目要分哪几个阶段？项目日程表是否已经制定?

后期构建工作

慕课开课后，视频制作及技术支持团队的工作告一段落，但授课教师的工作并没有结束。

慕课教学中，师生的交流程度较之传统课堂被降低，但并不代表师生之间没有互动。学生人数众多时，老师肯定不能跟学生一一交流，不过慕课的学习平台设有合作模块可以解决这一问题，学生之间可以互相帮助。他们可以建立自己的学习社区或学习小组，抑或向所有同学发起交流。这是联通型慕课的一个重要特点。

授课老师貌似置身于学生讨论之外，但当学生的讨论偏离正题或出现错误时，他应该出现并加以干涉；老师还应该负责发起讨论以及总结讨论中的要点。他们既是教师，又是社区管理员。这项工作有一定难度，老师们需要每周为此付出 5 到 10 个小时的时间，当然这一工作量可以由整个教学团队来分担。这方面组织的好坏是慕课成功与否的关键：必须遵守制定好的辅导日程，每次的辅导也必须有确定的题目。由于参与人数众多，很多老师可能会对这种组织形式还不太熟悉。而有些慕课最终失败，就是因为课程组织者没有按时出现在学生面前。有些慕课会利用实时视频流（live video stream）供学生提问和做出评论，在聊天室、Twitter 等免费服务平台上与学生进行实时对话。我们建议对学生的活动进行数据分析，以便更正课程场景中的任何错误。

因此，我们说“社区管理员”是慕课成功的关键因素。很多慕课设计者在开课之后都会感叹自己低估了社区管理员的工作量。

最后，在课程结束时，要对课程的开展以及学生的表现加以分析，以期将来进一步提升课程教学水平并解析退课率（一向很高）背后的原因。之所以要做这种分析，是因为我们可以预见在不久的将来，慕课平台的发展会有巨大的突破，它将有可能为每位学生提供个性化授课。要想更好地应用这些高级工具，以往学生的反馈很重要。

从理论上讲，我们可以通过分析学生学习中所犯的错误，来为该学生定制教学内容。此外，每门课还应进行学生满意度问卷调查，并对反馈进行认真分析。

质量是慕课的主旋律。所有相关专业人员都强调慕课的相关文档及串连设计要比一般的远程教育课程更精致。原因有二。

第一，很明显，与小班授课不同，慕课的授课是不允许慢慢调整修订的。在传统的远程教育中，教师与学生之间存在一对一的关联，任何瑕疵都是可以弥补的，课程的进度也可以进行实时的调整。但慕课的参与者众多，使得一切变为不可能。我们在慕课中没有犯错误的权利。

第二，与通过开放式大学参与远程教育课程不同，慕课学习者相对是“孤立”的，他们在对某个概念不清楚时，是不可能获得补充讲解的机会的。下文我们会看到，这种独立作战方式确实是一个问题。

因此，质量至关重要，当然也伴随着成本的上升。

慕课构建的工作量

我们可以这样推算，一门学时 8 周的慕课课程，相当于一个教学团队现场或通过视频一周上 8 个小时的课。同时，一门慕课课程会被反复利用三次。很明显，重复次数越多，成本相对也就越低。因为尽管每次重复使用时需要进行一些必要的更正和更新，但并不需要将所有慕课准备工作重复一遍。以下所有的推算代表的都是理想状态下最有效率的工作量需求。

除了视频之外，慕课其他部分的制作成本很难估算，因此我们这里的估算值并非放之四海而皆准。每门课需要准备的文档的复杂程度不同，文档数目不同（自己撰写文档与利用网上现成资料不同），教师自身已有文档的可用性不同，因此构建课程的时间也会大不相同。我们的估算是基于以下假设：慕课授课教师并非经验全无，并且已经在传统课堂上讲授过该课程，或至少讲授过相关课程。

教师工作量

教师准备慕课内容的时间和传统备课时间相差并不多，但也要看课程的科目和等级。我们的估计是教师准备 1 个小时的授课内容大概需要 5 个小时，之后每次重复备课的时间大概需要 1 个小时。1 小时的授课视频大概需要教师在录影室工作 4 个小时，即比在阶梯教室多讲 3 个小时的课。因此，慕课开课第一年的费用要远远高于传统课堂。第二年开始，各种必要的更新大约需要第一年准备时间的 1/3，约 20 个小时左右，授课材料的准备时间大大缩短。授课教师在慕课课程上的时间投资，至少需要慕课被重复使用三次或三年才能回本。这一点下文还会讲到。

关于授课文档的撰写时间，我们以授课讲义的撰写为参考，第一次大概需要 90 个小时，其余两次需要 20 个小时。这其中还不包括技术支持团队页面设置及绘制图示的时间。

慕课中的评测部分，包括小测试、作业（少数可以自动批复，一般由学生互相批复）等，则需要教师每周花费 4 个小时共计 32 个小时的时间。这其中不包括将练习内容嵌入平台测试系统的时间。

另外，由社区管理员负责的实践活动大概为每周 6 个小时，共 48 个小时。这里需要注意一点，面对面授课时，每 1.5 个小时的实践环节需要 4 个小时的准备时间，这就凸显出了慕课在大学教育中节省资源的一面。在慕课课程中，学生自主学习，完成网上测试和作业，降低了传统实践课程用于讲解及追踪学生课业完成情况的会面频率。

慕课工程的复杂性决定了慕课团队沟通的必要性。团队的商讨时间至少需要 30 个小时，远远高于传统教学中面对面交流、咨询的集体会面时间。到目前为止，这一部分时间从没有人专门统计过，我们将其计入慕课授课的准备时间，因为这种团队商讨决定了慕课的质量。当慕课课程涉及多个团队时，这一时间还需叠加。为计算方便，我们这里假设只涉及一个慕课团队。

此外，我们还需考虑关于学生表现的数据分析工作量以及课程会议的时间。但是，我们可以把这一部分的时间计入“社区管理员”的工作量，尤其是考虑到在传统授课中，学生的答疑时间和教学例会的时间也是不计入工作量的。

表2—2中的“练习批复”项在理工科课程教学中是必须的，课程要给学生留练习并批改，以保证学生可以消化吸收课程的理论内容，教师可以检验学生对所教授理论的理解。在传统授课中，这部分工作通常在实践环节中完成，也有少数老师会给学生进行书面批改。在慕课中，这则是体现在电子白板上，其撰写过程非常耗时，也因此肯定会在撰写时留有计算失误或推理失误。在实时教学中，这些错误可以及时更正，而在慕课中则不能，从而加大了白板撰写的工作量。

表2—2　**慕课教师工作量统计**

任务	小时			总计	备注
	课程1	课程2	课程3		
授课准备	40	8	8		
文档撰写	90	20	20		
练习批复	40	10	10		非强制项：根据学科不同
视频录制	32	8	8		每一段视频录制时间为半天，这里算为4小时
准备测试和作业	32	6	6		
项目准备	30	5	5		
总计	264	57	57		

（续前表）

任务	小时			总计	备注
慕课准备总计				**378**	教师需要为创建慕课付出的时间
慕课实践	48	48	48		
慕课总计（约等于）	312	105	105	**520**	

教学支持团队

教学支持团队包括那些有授课能力但无授课资格的项目参与人员，尤其指参与项目的研究生或博士生。

慕课测试人员在慕课开课前检验课程的运行是否正常。这一工作至少需要两名测试员。一般会选择专业对口的学生，因为这要比雇用非专业学生节省时间。鉴于普通学习者每周需要工作 4 个小时，共计 32 个小时，我们估算每个测试员相对需要 15 个小时，两人共 30 个小时。这一估算值可能偏低，因为测试学生本身可能也想在评测课程时学习一些课程内容。如果是由老师来做测试，时间可能会更长一些。

在这里，我们还要计算设计指导的工作量，因为这一角色很有可能是由老师来部分担当的。正如本章前文所述，设计指导必须具备一定的学科知识。这部分的工作量至少需要 40 个小时，另外还要考虑参加讨论会的时间。我们比较推荐聘用项目经理来担当此角色，这样可以减少参加讨论会的工作量。

项目经理（可以由教师或设计指导担当）的工作量至少要有 60 个小时，因为这一角色需要参加教师的讨论会。另外，测试工作会涉及很多项目参与者，不仅要测试课程的推进路径是否合理，还要检验授课内容、考试内容、练习以及课后作业的效度。关于教学支持人员的工作量统计详见表 2—3。

表 2—3 慕课教学支持人员的工作量

任务	小时			总计
	课程 1	课程 2	课程 3	
设计指导	40	8	8	
项目经理	60	12	12	
调试员	60	12	12	
总计	160	32	32	
慕课总计（约等于）				225

测试工作会涉及很多项目参与者，不仅要测试课程的推进路径是否合理，还要检验授课内容、考试内容、练习以及课后作业的效度。

技术支持团队

视频文档之外的工作时间很难估算，我们的估算基于一些慕课课程以及教学平台上高级课程的经验。

根据我们的估算，8 个小时的视频文件需要 240 个小时进行相应的编辑和合成，这来自我们制作高质量课程的经验。法国洛桑联邦理工学院的估算值与我们类似，但比我们更少些，这是因为他们的视频录制工作是自动化的：教师在专门的录影室里移动授课，不同的镜头来回切换。此外，后期制作的时间长短还取决于使用的制作工具。根据在法国南锡市推广的 Courlis 的经验表明，利用 iSpring 在配有两个镜头以及一个活动镜头的录影室录制视频，所需时间大概为 16 个小时的录制时间和 16 个小时的后期制作时间，也就是说，8 个小时的视频文件共需要 32 个小时的制作时间。一般来讲，录制和编辑视频文件的时间越短，视频质量越差，最终的视频也就更像是传统课堂的录像，没有相应的纸面、平板或白板上的演示。

文本文档及图示的排版时间同样难以估算，这跟课程的学科、内容有关，每门课都有所不同。同时还要看教师提供的文档的质量和结构（我们假设教师提供给技术人员的文档都是电子版的）。一门课程的文本文档排版可能需要不到一天的时间，但如果其中包含方程式，则有可能需要一周（35 个小时）的时间进行排版。至于图示的排版，时间更是从几个小时到一个月不等。在实际操作中，这部分时间的估算会包含在项目分析阶段。在这里，我们暂且认为页面设置需要 10 个小时，图示绘制需要 35 个小时。每个慕课项目的文档处理时间差别很大，需要仔细进行估算，且千万不可低估这一时间。表 2—4 中的数值仅供参考，因为每个慕课项目所需的时间会因课程相关文档的复杂程度而不同（可能包含方程式、图表、图像等），也会因教师提交的文档质量不同而差别较大。根据我们的经验，将所有文档集成到在线平台构建课程需要 15 个小时左右。

表 2—4　　慕课技术支持人员工作量

任务	小时			备注
	课程 1	课程 2	课程 3	
视频录制	32	6	6	
视频编辑	240	50	50	为利用以往录制视频，必须保存以往版本

（续前表）

任务	小时			备注
文本格式化	10	2	2	因教师操作技术和文档质量的不同而不同
图示处理	35	7	7	受文档的数量和复杂程度影响
集成	15	3	3	
参加讨论会	10	2	2	项目所有人员均须参加
总计	342	70	70	
慕课总计（约等于）	312	105	105	

我们把所有的工作时间相加到一起，结果总计 1 200 个小时左右（520+480+225），因参与项目者的经验各异，慕课的制作质量要求不同，可能会有 400 个小时左右的出入。

当然，各项目带头人对课程内容、授课形式以及课程目标的设定不同，这一估算值还会有一定波动。但根据我们与很多慕课项目负责人的交流，我们得出的这一结果并不夸张，相反是相当保守的。

慕课构建的费用

后勤工作

慕课的构建需要相应的硬件和软件资源来准备课程内容。大部分的软件都很常见，如文字处理软件、Photoshop、Illustrator等，这些软件在大学里都很容易获得。同样容易获得的资源还有视频制作软件，当然录影室除外。

录影室的花费差异很大，可以花费几千美元建造单摄像头的工作室达到比较满意的摄影效果；但要想建成可以切换背景、切换镜头，录制授课教师在电子白板或图形平板上互动的高级录影室，则需要30 000 ~ 50 000美元。

视频显示质量、是否可以从多个角度看到授课教师的课堂活动，对确保学生的注意力很重要。因此，不要胡乱拼凑出一个授课视频了事，而要在视频质量上多投入一些精力和资源。课程的整体质量往往取决于视频制作的质量，已经有很多慕课由于质量一般的授课视频而获差评。

软件平台

从上文论述中我们可以看到，最好还是要有专门的慕课平台，而非依托现有的在线学习管理系统。使用这些学习管理系统的费用不等，但总体来看，这些管理系统会从慕课的收入中抽取一部分分成。还有一些学习系统，如 edX，目前正向开源软件过渡（我们将在第 4 章中还会谈到）。不管怎样，对于大部分慕课项目来讲，还是应该把目光放在开发自己专属的慕课支持软件平台上。

但开发这种平台需要大量的物质资源和人力资源，因此除非做试验性研究，大学一般不会冒险创建专属的慕课平台。法国洛桑联邦理工学院没有创建专属平台，而是将课程置于 Coursera 和 edX 平台上。将慕课放置在已有的平台上需要花一定的费用，服务提供商会收取一定的注册费或根据学习人数收取一定的分成。Coursera 会收取几千美元的固定费用以及因学习人数多少不同而产生的浮动费用，而 edX 收取的学习人数浮动费用要低些，但其收取的固定费用则更高。这些平台会为其使用者提供一系列的服务，从慕课开发到开发人员培训，当然这些也是要收费的。而 OpenedX 和 Canvas Network 的使用是免费的，但从在系统中安装自己的软件到公布课程以及处理学习者注册问题所有的一切操作，都需要慕课创建人自己去完成。

硬件平台

为传播慕课，需要有相应的硬件基础设施支持门户网站，使课程为人所知，学习者可以追踪课程并为数据交互以及互动软件提供支持。慕课所要求的计算机基础设施相当复杂，需要复杂的计算机技术以及大量资金的支持，因为有可能出现大量参与者同时登录的现象。符合这一要求的资源一般掌握在一些高校联盟、专业技术公司或大型电脑公司手中。我们建议要对所应用的硬件平台设置的限制加以研究，对软件工具则没有太多特殊要求。

由于慕课有可能需要同时应对成千上万的学习者，为处理变数极大的工作量，需要安装一组服务器。课程的需求量可能有一定的规律可循，但在瞬息万变的今日，较之以往，课程的需求量已是突飞猛进，致使有些在线系统措手不及。荷兰阿姆斯特丹大学 2012 年开设的第一门慕课课程，其在晚八点新闻之后，访问量激增，以至于每隔一个小时就需要添加一个新的服务器应对。由法国里尔中央理工学校（Ecole Centrale de Lille）的雷米·巴切莱特（Rémi Bachelet）负责的慕课课程“项目管理”，在媒体公布消息后，访问人数猛增。从这两个例子我们可以看出，慕课需要一个灵活的计算机架构，以快速应对变幻莫测的需求量。因此，慕课不仅仅需要硬件，还需要可以在这些架构上运行的虚拟化系统。对此有两个解决方案。

一个方案是可以选择用大学自己的硬件配置，这就要求大学的技术支持人员有相应的技术构建 IaaS 模式架构（基础设施即服务）。服务器的开关不需要考虑机器本身。课程发布前要设计和安装好足够容量的机器以应对高峰工作量，当然这需要一定的投资费用以及合格的工程师来建设和操作这一架构。

另一方案是使用外包商提供的计算机基础设施运行 SaaS 模式（软件即服务），相关人员只需打开运行慕课的程序即可。美国的一些高校联盟慕课平台（如 Coursera、edX 以及 Udacity）都是选择使用亚马逊的 AWS（高级网络服务）。这样，一门课程对应一个或多个虚拟程序，开关自如。这一方案比较灵活，使用费用根据服务使用量来计算，无须支付最大使用量费用。考虑到在线学习管理系统可能会搜取学习者的个人信息，选择商业公司提供这些服务的风险会较高。

为保证慕课向学习者提供满意的获取途径，系统工程师要保证服务的连续性。工程师的职责是保证服务的可持续性，处理任何突发事件，及时解决系统漏洞等问题。除这些纯计算机问题外，教学工程师还需要对软件极为熟悉，以便对课程授课教师的问题提供帮助，撰写更新文档，并监测课程运行情况。

最后，课程的“生命周期”也需要处理好：从课程创建、授权授课，到课程发布，最后到课程关闭。简而言之，需要建立合理的管理框架。

人力资源

对于上述的数据，从老师的视角来看，他们肯定会认为慕课的花费要远远高于传统课堂，尤其是对那些上课不提供讲义且一次只教一个实践班的教师而言。我们要想收回慕课的投资，就必须反复加以使用，因此我们假设一门慕课课程至少会被应用三次；此外，假设慕课的使用将会导致部分或全部实践班的消失，因为学生都上网练习了。这样的话，只要有两个实践班，慕课的花费和传统课堂的花费就趋同了。当然，这还要看课程内容和所属学科。但不可否认的是，随着实践班的不断增加，慕课的优势会逐渐突显出来。对于一个连续教三年、每年教两个实践班的教师来讲，慕课教学的工作量基本等同于传统教学的工作量。

额外成本主要在教学支持（工程师、项目经理、测评人员）和技术支持方面。我们对其的估计值是共 700 个小时左右。

这一数值受很多因素的影响，并存在以下变数。

1. 如果是小型私人在线课程型的慕课，只面向有限数量的学生，还需加上课堂上师生面对面的授课时间，因为小型私人在线课程会辅以面对面授课以聚焦学生的兴趣点，并帮助学生解决各种问题。如果一个小时的视频授课代表 4 个小时的工作量，那么一个小时的师生面对面授课就相当于最多 2 个小时的工作量，加上这些工作量，无疑提升了慕课课程的利润门槛，但不可否认，如果学生人数众多的话，这部分额外成本就会被实践班的数目抵销。

2. 如果我们真要仔细计算成本的话，我们也应该将传统课堂使用研讨会议室和阶梯教室的费用计算在内。这样一来，慕课的花费明显占优。很显然，部分依托慕课的混合教学方式较之传统授课节省了日常开支。

因此，我们建议可以鼓励一组老师由传统的课堂教学转换为依托慕课的半远程教学，而不考虑老师的教学工作量问题，只要该名老师同意这种模式至少持续 3 年。考虑到通常一门课老师至少会教上 5 年，这一要求对于老师应该是没有问题的。这样，第一年的大量额外工作量可以看作是对接下来几年的投资。

另一方面，面向外部学生开放的慕课应该保证筹到以下工作运行的资金。

- 第一次运行慕课的教师授课工作量 300 个小时左右，以及其后每次授课的 110 个小时的工作量。
- 第一年开课的教学支持工作量 160 个小时，以及其后每次授课的 30 个小时的工作量。
- 第一年开课的技术支持工作量 340 个小时，以及其后每次授课的 70 个小时的工作量。

因此，开设面向世界范围的慕课首先需要筹集资金，而这一资金在教育预算经费中并没有直接对应的条款，但可以以吸引海外学生、促进交流等名义筹得。

表 2—5 所示的是某一慕课构建的费用，每月费用为教学及教学支持人员 6 500 美元，技术支持人员 5 000 美元。各个数值都是估算的，并不十分准确，而且表 2—5 中只是以参与人员工资酬劳作为计算依据，并未包括工作环境方面的日常开支。

表 2—5　　慕课构建方面人力资源支出费用

	第一年	第二年	第三年	慕课总计
教师	20 000	7 000	7 000	
教学支持人员	8 000	2 000	2 000	
技术支持	13 000	2 500	2 500	
总计	41 000	11 500	11 500	
总费用				64 000

这里再次强调一下，上述表 2—5 中的数据计算并不十分准确。

1. 授课教师的课程准备时间会因为课程的科目、教师的经验以及已有材料的不同而变化（当然一般不会选择一门教师没有任何教授经验的课程来构建慕课）。

2. 在计算技术支持成本时，我们假设所有相关人员都是正式员工，尤其是视频工作人员。但在这方面，有可能并不是每个大学都有正式员工，因而可能需要将工作外包出去。除了视频的录制和编辑，各个部分集成的时间并未计算在内。

3. 慕课课程的科目不同，含有的图示数量不同，也会严重影响到慕课的构建时间。

因此，假设我们占有必需的软件和硬件平台，建设一门（社区管理员工作相对较少的）慕课的费用在 30 000 美元（如法学课程）到 60 000 美元之间（高级理工科课程）。如果是只用于内部教育的小型私人在线课程的慕课，还要加上课堂授课支出及场地日常支出。从财务层面考虑，慕课的实行的确需要大量的参与者，如大学里低年级学生的参与。但是，我们不能这么功利地去看待这个问题。慕课在教学法方面的革命性意义不容忽视。我们的估算值跟很多慕课设计者的报告基本一致。根据这些设计者的报告，一门慕课的边际成本在 35 000 美元至 50 000 美元之间，合并成本在 200 000 美元至 300 000 美元之间，这其中包括了相关资源的使用开支，如录影室、在线平台、工作场地等。

因此，我们可以看到，定位慕课的构建对象和预期结果很重要，我们将在第 3 章中谈到。

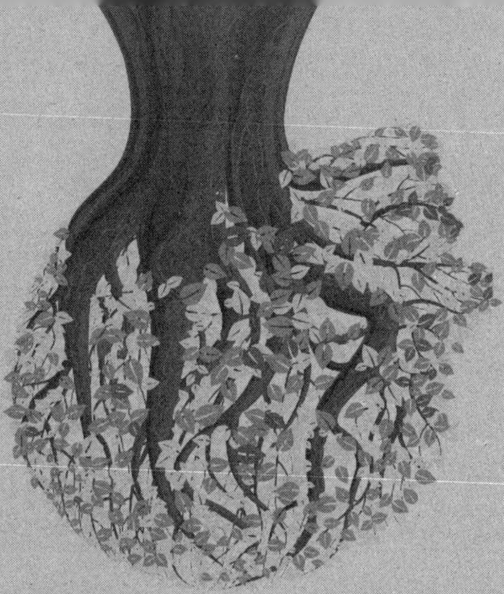

03

慕课的受众和目的

MOOCS

DESIGN, USE

AND

BUSINESS MODELS

慕课的受众

慕课的定义决定了慕课可以涉及的学科领域是无限多的，可以是 Java 编程，也可以是讲解约克镇战役，甚至是马绍尔群岛上的面包果培植。慕课也不存在等级设置，观看同一慕课课程的可能是博士生，也有可能是小学生。

关于飞钓（又称飞蝇钓）技法的慕课可能会吸引一大批垂钓爱好者；关于在佛罗里达州或在摩洛哥投资的课程可能会吸引一大批退休人士；关于美国独立战争的慕课则可能在小学教育中非常有用。任何年龄、任何社会阶层都可以找到适合自己的慕课课程。慕课对于所有那些想免费获取知识、独立于组织机构外的学习者来说都是开放的。尤其对于那些因地理原因或因不喜欢传统教育模式而不经常露面的学习者来讲，慕课特别具有吸引力。据说在塞巴斯蒂安•斯伦关于“人工智能”的慕课上，得分最高的是一位 50 岁的没上过大学的家庭主妇。

慕课最初的受众定位是大学学生，但其授课对象范围正在快速扩展。慕课的理念是让知识传播至世界各个角落。因此，今天参与慕课的有学生也有专业人士，还有很多比较宅又（自愿或不自愿地）想提高自己语言水平、计算机技术的人。值得注意的一点是，慕课的典型受众一般会是在 28 岁以上且未受过大学教育的人。

慕课还有一类目标受众是在国际教育领域，面向所有那些高等教育供求严重失衡的地区，尤其是非洲、西南亚以及拉丁美洲。根据法国洛桑联邦理工学院校长帕特里克·艾比斯裘（Patrick Aebischer）的说法，该校慕课课程的目标之一就是吸引说法语的学生，这些学生会休假一年专门攻读慕课课程。在艾比斯裘看来，慕课并不是要彻底颠覆大学教育，而是可以为大学拓展新的生源。法国洛桑联邦理工学院就为南部乡村的民众提供了一系列的慕课课程，如城市规划、工业计算机科学等。此外，报名参加著名的慕课平台如 Coursera 以及 edX 的人员构成也相当国际化。而法语国家大学协会（Agence Universitaire de la Francophonie，AUF）也正在从传统远程教育向慕课过渡，面向全世界的所有法语学习者。

大学里的慕课

著名的在线学习平台大都是由高校发起支持的，比如 edX 最早是由哈佛大学和麻省理工学院联合创办的。目前，edX 上的课程主要来自麻省理工学院、哈佛大学、加州大学伯克利分校、斯坦福大学以及其他国家的一些大学。我们可以从不同的视角来看待高校里的慕课，如利用慕课提供学校声誉，利用慕课使学生融入教学模式，利用慕课弥补学生知识储备的参差不齐等。

由于大学生比较年轻，因此更渴望活跃的社交生活。在家接受教育对他们来讲没有太多的吸引力，这些学生更渴望的是交友、交流、分享知识和经历。尽管如此，慕课还是可以作为他们“正常”教学的一部分。如来自悉尼大学的数据显示，在开课2~3周后，学生开始不再去面对面授课课堂了，而是更喜欢在自己方便的时候去听上课录音。同样地，在过去的三年里，该校图书馆的借书率每年下降20%，而学生去图书馆的频率却每年增加20%。这意味着很多学生去图书馆不再是为了借书，而是为了分享其课后搜集的资料。法国洛桑联邦理工学院投入大量资金研发一年级课程的慕课工程。目前，该校的学生可以选择参加阶梯教室的面对面授课或远程慕课授课；即使选择慕课模式，还是可以在校园参加练习和实践活动，找教师答疑。为了更好地发展慕课课程，该校还创建了“慕课工厂”，以工厂模式运作。慕课工厂作为该校的一个系别存在，有10多名员工，为想要创建慕课的老师提供录影室及录制、编辑等技术支持，慕课创建者无须担心与授课内容无关的问题。如前所述，现在很多大学已经有了自己的在线教育部门或多媒体部门，大概由 10 人组成，只要有合适的多媒体资源，这些部门就可以成为构建慕课工厂的坚实基础。

终身教育

慕课作为获得认证的一种途径，为继续教育开辟出了新的天地，这也是慕课吸引商业人士的原因。如新兴公司 Udemy 就是一家专门为商业人士提供慕课界面的公司。慕课在商业界的成功主要是因为它给予了商业人士学习的自由度，允许他们按照自己的节奏学习自己感兴趣的知识。相关数据表明，很多情况下慕课的使用者是那些需要与高新技术与时俱进的行政管理人员。慕课对于他们来说，可以为员工提供自主学习兼集体学习的机会。毋庸置疑，企业培训领域有适合慕课发展的肥沃土壤。

另一方面，慕课的受众还包括了传统大学教育往往无法照顾到的人群，如残障人士、继续教育人士、退休人员，以及由于工作或家庭需要只能在夜间上课的人员。

慕课的参与者包括各类人士，慕课的设计者也是各色人等都有。知识的创造和传播不再由大学垄断，因此也可以说慕课带来了一场“教育革命”。那么问题就在于如何去评估慕课的质量。就目前而言，通常是由公众来评价慕课课程的价值。相信在不久的将来，大家可以像现在点评餐饮酒店一样给慕课进行网上评分，我们会看到很多有趣的评论。即使是现在，Coursera 也已经为其平台上的各门课程标记了质量等级。很快，我们就会看到各种价值不一的慕课（就像传统大学教育一样）。社会及用人单位也会区分各种慕课认证的含金量。很明显，如果某一高校机构给予某一慕课课程附加价值，比如课程享有学分或完成课程的员工可以在公司里得到晋升，那么该大学一定是已经对该门慕课课程的质量评估过了。

慕课的合理使用

慕课已成为交流工具

慕课对于沟通方面的冲击是巨大的。对于隶属于欧洲研究型大学联盟（League of European Research Universities，LERU）的大部分高校来讲，推出慕课课程的主要目的是要提升或保持学校的国际声誉及国际排名。尽管牛津大学和剑桥大学并未出现在英国的慕课门户网站 FutureLearn 上，但美国所有的著名大学都和 iTunes U 签署了协议，只要资金充足，就可以在这一领域有自己的发展愿景。这些在巴布森学院调研组（Babson Survey Research Group）的近期报告中都有所体现：

1. 构建慕课课程的主要目的就是要提升该校的“能见度”；

2. 重点高校均冲在开发慕课的最前列。

很明显，拥有世界范围内最受欢迎的课程对于高校来说是再美妙不过的事情了。例如，斯坦福大学的人工智能课程，麻省理工学院的力学课程，隶属于圣迭戈大学的美国斯克利普斯研究所（Scripps Institute）所开设的海洋学课程。慕课在提升高校形象声誉方面的优势不言而喻。慕课并不会对在校学生产生负面冲击，相反还能帮助高校吸引世界范围内的优秀生源。应该说一门成功的慕课课程是一个高校最好的、永久的外宣媒介，而且花费也是可以接受的。

像 Coursera 这种美国的营利性高校联盟搭建的慕课平台，旨在选出最好的大学里最好的老师教授的最好的课程。Coursera 会为世界范围内最好的大学免费提供服务，并且只为最好的大学提供服务，然后从中抽取一部分收入。大部分欧洲研究型大学联盟的高校都被这种商业战术吸引，在 Coursera 上放置了自己的慕课课程（或一部分慕课课程），一是由于 Coursera 的知名度，二是由于 edX 的服务是收费的。即使对那些并不想“掺合”各高校联盟的大学来说，慕课仍然是其提升声誉的有力工具。

美国各著名高校都希望在 Coursera 的帮助下建立一个国际标准：就像很多书籍成为世界范围内相关教育的权威书目一样，这些著名高校希望自己的课程在世界各地可以重复教授。这其中有一点不同的是，权威的书籍供教师参考获取信息，之后每个教师会创造出自己的课堂。慕课则不同，课程的组成元素都是“现成的”，各高校只需买入并提供给学生即可。例如，哈佛大学或斯坦福大学开发的慕课课程，可以被翻译成各国语言，然后由高校买进取代授课教师（这似乎对高校来讲更合算），唯一需要保留的可能只有高校里的那些教学助理，同学习者进行必要的面对面交流。尤其是那些声望较低、教师队伍不够完善的高校可能更倾向于使用这种慕课模式，更何况这样还可以节省开销。

慕课也可以用来拓展生源，尤其是美国的大学都注意到了这一点。巴布森学院调研组的报告指出（同上），拓展生源是高校开发慕课课程的第二大动机。有些大学还为慕课学习者提供奖学金，法国洛桑联邦理工学院的目的是将生源拓展到所有非洲法语国家。很明显，提供慕课的高校对海外学生更具吸引力。

到 2014 年年底，若哪个名牌大学没有提供自己的慕课课程就会成为特例。此外，慕课可以是各高校了解世界范围内高等教育情况、追赶著名高校的途径。至于慕课平台的选择，这其中可能会有些政治元素。享有 Coursera 服务的精英大学会在其平台上提供自己的慕课课程，但也会基于语言和国籍的考虑在其他在线学习平台上提供课程：英国的高校可能更倾向于公开大学创立的平台 FutureLearn；德国的高校更倾向于 Iversity；法国的大学更倾向于 FUN。所有选择 Coursera 平台的法国高校，同时也会在 FUN 平台上放置课程。作为英国慕课门户网站的 FutureLearn，已有 20 多家英国高校参与，但却没有英国最顶级的高校剑桥大学、牛津大学以及伦敦帝国学院（Imperial College），主要原因可能还是该平台声望不够。

慕课、远程教育以及初期培训

类似小规模私有在线课程的慕课可以用来提供以下各

种各样的教学支撑：

- 在大学第一学年之前或之初组织复习课程；
- 在第二学期，供挂科学生重修课程使用，尤其是在那些师资力量有限的高校，这要比让学生自己复习课程有效得多；
- 为缺课的学生提供自主补习的机会；
- 为硕士生，尤其是跨学科的硕士生提供硕士专业相关基础课程。巴黎高等师范学院期望利用慕课让海外学生快速融入其硕士生教育。巴黎高等商学院则在尝试利用慕课讲解某些课程中的基础知识，解放教师在这方面的重复工作。

实际上，很多在线学习平台上都可以放置小型私人在线课程，但受到了各方面的阻碍。除某些特殊远程开放课程外，要在大学的传统授课中加入远程教育部分有一定的阻力。对于一门传统课程来讲，教学进度已设计完毕，讲座和实践有各自的课时分配，很难在其中再加入来自其他院校配置完善的课程。此外，传统授课加远程教育的混合授课模式势必将给教师带来格外的负担，但又该如何在教师的薪水中得到体现？

电子科技与传统授课混合的授课模式虽然目前接受度较低，但却是未来教育的一个趋势。老师们会使用他校的慕课课程吗？授课教师会将慕课融入自己的课程教授（这一方法可以称为“知识包装”，即将他校慕课中的知识包装成自己的授课内容）中吗？目前正在兴起一场大规模的“解放高等教育”的活动，以促进竞争。这样做一方面自然是可以提升某些课程的教学水平，但另一方面则要面临版权及教师心理排斥的问题。事实上，教师可以将慕课课程视为课前预习或课后拓展的资料。教师授课中一般会为学生指定很多纸质的或电子的参考书目，甚至最后的期末考试也是基于这些书目，那为什么不利用慕课来做呢？

尽管存在诸多障碍，但在学生中有着良好“口碑”的慕课对大学教育产生冲击是肯定的。当一个学生评论某某慕课很详尽地解释了课上刚讲过（且没讲清楚）的内容时，我们又怎么能够视而不见呢？按照这个思路下去，我们可以期待面对面授课与远程教育之间的区分逐渐消失。未来的所有课程中都会包括远程教育的部分，当然远程教育所占的比重取决于课程科目、学生的学习途径以及学习目的。根据法国里尔第一大学校长菲利普·罗列特（Philippe Rollet）的说法，该校有 40% 的学生很难保证参与到全日制课程中，通常这些学生需要兼职赚取学费。对于这部分学生来讲，远程教育是很好的选择。也正是由于这个原因，该校所有的本科课程未来都将会置于 Unisciel 上。

慕课将会彻底改变学历课程的构成。学生将会先参与一些相关的一次性课程，按照自己的意愿组合课程、构建自己的学习数据，而不是去考虑传统的教学大纲和学位要求。慕课不但要按科目分类，同时也要按学校分类以便供学生选择。有些学生在选择课程时已经表现出了这方面的倾向。

尤其是在远程教育领域，这意味着不再有所谓的学位授予，学位证书将被学生的学习档案所代替。学生可以根据自己的意愿、职业愿望来构建符合自己学习目标的课程学习档案。远程教育课程也将不再以面对面授课的模式、教学板块或学年制为基础，而是以技能板块为基础。

慕课与继续教育

小规模私有在线课程模式的慕课也将改变继续教育的现状。远程教育的使用范围将越来越广泛，对教师的需求量将会减少，这将能够节约很大一部分开支。未来我们将会看到按照某种商业需求、基于学习对象数据的个性化定制课程。课程的组织工作变得简单，开课时间由学习者任选，同时还可以节省商业开支。员工可以在工作时间之外业余学习知识。我们还会看到进修课程的开发，以满足那些没有时间参加面对面授课的工作人士，如医生、教师、计算机工程师等。此外，考虑到这些职业人士本身的受教育水平，他们还可以利用慕课来更新知识。

整个继续教育系统都会受到慕课的冲击，无论是教育服务的提供方还是接收方。这样就使我们不得不讨论一个重要的问题：当课程结束时，如何评估学习者从课程中所获得的技能和知识水平。接下来，我们来讨论这一点。

慕课学习者的测评和认证

关于慕课学习者评测及相关认证的问题一直是争论的话题。简单的测试可以吗？罗伯特•塞奇威克（Robert Sedgewick）置于 Coursera 上的算法课程吸引了 15 万名学习者，其中有 5 万名学习者完成了课程。他的观点是：我们总不能因为某人买了教材，就给他颁发阅读认证吧！

很多人认为如果慕课课程需要统一组织考试，就违反了慕课一贯的自由宗旨。

其实，关于慕课是否需要评测的观点会因慕课的类型不同而不同。参加意大利文艺复兴时期绘画艺术课程的学习者可能并不需要一个结课证书，但对于一个参加水下焊接课程的学习者来说，结课证书很可能意味着更高一级技术工作的机会。因此，在职业技能培训中，就会凸显出这一问题：是否需要颁发结课证书？如何颁发结课证书？应该颁发何种结课证书？当然，这里说的证书肯定是颁发给完成慕课课程的学习者。在这里，我们也可以指出在职业技能培训中所面临的一个难题——课程的资助者，如希望帮助失业人群重返工作岗位的政府机构，要求有相应的参课证明。如何给远程教育的学习者颁发参课证明呢？最好的选择可能就是慕课课程的结课证明。

那么，如果颁发结课证书，是在网上进行测试还是本人现场测评呢？大学的慕课课程是向全体开放还是仅限本校学生使用呢？远程教育学习的结课证书的含金量有多少？结课证书会取代毕业证书吗？这些问题都颇具争议，其回答对于慕课在教育中发挥的作用有着深远影响。

前文我们曾经提到，慕课可以为学生提供网上测试、问答以及练习来进行测评，同时还可以测评学生回答问题的速度以及学习效率。

有关慕课结课认证一个炙手可热的话题是，目前还没有相应的技术来确保进行网上评测的人就是注册该课程的学习者本人，抑或是注册学生在进行测试时是否有人从旁指导。远程监考并不现实，唯一百分之百可靠的解决方法就是学习者亲临现场参加考试。

不过，Coursera 目前可以为完成慕课课程及相关练习的学习者颁发结课证明。学习者完成 Coursera 的课程后可以拿到普通的结课证明。而如果要拿到“签名认证”，学习者需要接受 Coursera 的（通过键盘敲击模式的）签名认证，并在测试中利用摄像头拍照。根据不同课程内容及认证类型，“签名认证”需要学习者花费 100~300 美元。如果学习者选择参加由教育服务公司、目前在世界范围内拥有 150 多个考评中心的培生国际（Pearson International）集团的传统考试，那么认证费用将会不菲。Coursera 的负责人表示将很快研制出可以在家进行质量监控、等同于现场参考的考试。他们认为，目前这种通过键盘敲击模式的签名认证已经使考试的效度得到了保证，除非有计算机专家进行故意欺骗，这与普通大学考试中的作弊率差不太多。许多大学已经认证了慕课课程的学分，如佐治亚理工学院网络计算机科学硕士课程（Online Master’s in Computer Science），但课程不是免费的，每年平均需要花费 7 000 美元左右。Coursera 目前开始提供互相关联的课程系列，并对课程系列提供结课认证，这就和普通大学的课程非常相似了。

同 Coursera 类似，许多机构都会给予慕课课程二级认证（普通认证和高级认证），根据证书含金量不同，认证价格会有所不同。美国一些高校，包括麻省理工学院和佐治亚理工学院，此外还有加州大学尔湾分校 、杜克大学 、俄克拉荷马大学以及宾夕法尼亚大学已经准备将一些慕课的结课证书纳入他们的课程中：学生如果拿到某些慕课课程的结课证书，就可以不用再到课堂上上这些课了。有些学校的学生要完成相应的慕课课程可能需要支付签名追踪费用以保证网上测评的效度，极少的学校甚至需要支付传统授课一样的费用。俄克拉荷马大学等高校的慕课课程同时也对非本校学生开放。美国教育委员会（American Council on Education，ACE）学分认证支持美国各高校间的学分转换。一般来讲，如果需要得到美国教育委员会认证的学分，学习者必须参加效度高的考试，如由ProctorU公司提供的在线考试，或者由培生国际提供的现场考试。其他高校如斯坦福大学，只免费提供结课证明（Statement of Accomplishment）。我们在前文中提到的美国一些高校有为大一新生开设复习进修课程的传统，从而有利于降低学生招募的费用。在欧洲，欧洲研究型大学联盟推荐联盟内各高校之间利用欧洲学分转换和累积系统（European Credit Transfer and Accumulation System，ECTS）交流慕课课程，提高欧洲学生在各大学间的流动性。比如，一个在X大学就读的学生可以通过慕课拿到Y大学需要的学分，从而在第二年到Y大学继续学业。当然，尽管非本校录取学生不可能在完成该校几门慕课课程后就拿到该校的学位证，但可以（免费或收费）拿到结课证书。

有些大学则开始开发慕课加传统课堂元素的混合教学模式：免费慕课注册，但课程结束时可以选择参加标准考试使其慕课课程生效（等同于同一科目的传统课程）。如法国洛林大学的慕课Courlis，学生结课后参加现场考试，通过后可以获得大学认证。当然想要平衡慕课的前期投入，需要有大量的学生注册参加考试。

除了远程评测以及面对面评测外，有些大学也在考虑进行同学间评测，即参加慕课的学生相互评测，考虑到学生小组合作做作业、写报告时表现出的批判性，这一想法似乎也有一定的可行性。

最后，我们得讨论一下慕课课程对学习者的工作负担问题。在这个问题上，联通型慕课和知识传播型慕课大为不同：联通型慕课工作负担没那么大，每个参与者可以按自己意愿选择时间学习某部分课程；而知识传播型慕课工作负担则比较大，需要学习者多次提交评测作业，紧跟教学进度。数据显示对于大型慕课来说，最终能坚持到结课的人数最多占最初注册人数的 20% 左右（参见第 4 章）。可见，慕课的参与者会有一个“试水”阶段。事实上，这也可以被看作是慕课的一大功能——帮助各年龄段的学习者找到自己真正的兴趣所在。时下，高校教育的第一年似乎成为了大学生的“试水期”。入学前利用慕课浏览信息也许可以帮助很多潜在的退学者避免因错误抉择而浪费一年时间。

总体说来，慕课课程的认证问题目前还没有得到很好的解决。其中也涉及一些经济运营问题：慕课学习者可以免费上课，但必须支付认证费用。当然，慕课类型不同，认证问题也不尽相同。

慕课学习及指导

职业心理学告诉我们，要想提高工作效率就必须知道为谁工作以及为什么工作，学习慕课也是如此。关于慕课学习者的孤独这一点我们在前文并未提及！正因为慕课参与者是孤独的，因此必须有强烈的学习动机才可能完成课程。那么自己观看完授课视频有不明白的地方怎么办？光靠反复观看视频以求“灵光乍现”是不可能的。虽然可以反复观看是慕课与传统课堂相比的优势所在，但这并不能弥补慕课缺少现场师生互动、答疑环节的缺点。其实，慕课学习者并不是绝对孤独的，他们有学习社区、学习论坛的支持，可以一定程度缓解学习者的孤独感。在有些地方，慕课学习者甚至会定期会面。Coursera 就已经组织了 4 000 个这样的本地学习团体。无论如何，一个学习动机微弱且不知学给谁看的人是不可能成为一名成功的慕课参与者。这也是大部分的慕课学习者的年龄为什么都比在校大学生大的原因。

慕课中，学生缺乏教师的直接支持，但却可以与参课学生互相支持，取而代之的是论坛里的激烈讨论。此外，网上的实时作业评估也可以在一定程度上起到电脑游戏的效果，让学生上瘾。但对于一个出于个人或职业原因没有太强学习动机的参与者来讲，这一切都不足以让其保持注意力（后面我们会继续讨论，这也是大部分年轻学生存在的问题，为慕课在大学生中的推广造成不小的困难）。正如卡森迪（Karsenti）所说："学生的参与度很少会超出课程本身的要求。如果需要参加三次论坛讨论才能得分，那他们就只会参加三次。"

慕课就像一本互动书籍，但对于大部分人来讲，并不是你给他们书他们就会主动学习的。慕课的退课率一直都在 80% 以上。麻省理工学院的统计是只有 10% ~ 15% 的注册学生会最终完成慕课课程。美国西北大学第一门慕课课程《理解谷歌，理解媒体》的开设者欧文·英曼（Owen Youngman）给出的数据比较具有代表性：在 55 000 名注册学生中，上过课的有 19 000 人，其中只有 2 400 人完成了所有作业，1 196 人最终拿到结课证书。英国公开大学网站公布的研究报告显示，平均只有 7% 的注册学生会完成课程。宾夕法尼亚大学教育研究生院给出的数据则更低，完成课程的比例在 5% 左右，而退课高峰出现在开课后的第二周。前文提到的法国洛桑联邦理工学院开设的 SCALA 语言慕课教程在完成课程人数比例上名列前茅，其退课率低于 80%。我们可以看出，大概有

85% 的注册学生要么根本没有学习课程，要么很快退课，而只有 5% ~ 10% 的学生最终完成了课程，可以获得斯坦福大学的结课证明或者 Coursera 的结课认证。但是我们注意到一点，那些注册付费签名认证的学习者 90% 都完成了课程。另外一个提高慕课结课率的途径就是更好地定位受众、更明确地宣传课程内容及难度等级。根据麻省理工学院大卫·普里查德（David Pritchard）教授的力学课程的经验，这样做结课率可能会提高 3% ~ 7%。许多慕课课程会在结课时收集参课者的数据。如果是在课程开始之前对注册学生进行数据收集，要求注册学生提供一定的个人信息，如学历、个人背景、学习动机等，那么填写这类信息的学生的结课率可以提升 15% 以上（在凯霍加社区学院的数据是 18%）。

事实上，目前对于注册学生退课的原因还不十分清楚，很少有这方面的研究。除了以上提及的原因（课程难度等级、预先知识储备要求、课程要求完成的工作量等），可能的原因是有些参课者其实只是想随便看看，浏览一下课程便退课了。从这个意义上讲，慕课其实就是一份可以随意单点的菜单。

如果想提升慕课的教学成效，我们可以重新考虑一下远程教育的教学方法，为参课者提供必要的人力支持，弥补慕课中老师的缺席。慕课课程置于网上之后，课程教师 / 设计者一般就不再出现了，偶尔可能会在聊天或论坛中现身一下，但这弥补不了慕课中人力支持匮缺的问题。这一问题有两个解决方案：一个是将接力棒交给学习交流社区，另一个方法则是课程设计者组织教学辅助人员，大学中一般是教学助理，或者我们统一称为“助教”。

我们有这方面的在线学习指导经验。最老式的以信件为媒介的远程教育，就是由助教批改学生作业并指导的。前文提到的法国格勒诺布尔大学给医学专业一年级学生开设的课程，最初是课程 DVD 录像，2006 年开始逐渐转型为慕课。该校采用的教学方法是学生可以自由选择地点学习慕课内容，但要跟上课程要求的进度，之后要参加实践环节、完成练习并定期参加答疑，与老师或医学专业的高年级学生面对面进行交流。这些环节统称为面对面互动补充课程（face-to-face interactive complementary classes，FICCs）。我们现在可以更客观地重新审视一下该校的做法。格勒诺布尔大学的这一教学方法得到了教师和学生的一致好评（教师满意度为 100%，学生满意度高于 85%）。虽然也有学生缺席面对面互动补充课程，但参课学生在考试中的表现还是令人非常满意的。而且伴随阶梯教室授课模式的取消所带来的论坛、补充课程、助教在教学模式上的改革，提高了贫困家庭学生的课程通过率，证明了辅以论坛讨论、助教指导的在线学习模式在拓宽教学范围方面的价值。

这种教学模式在提高学生，尤其是贫困家庭学生的课程通过率方面的优势也在其他学校得到了证实，如麻省理工学院的迈克尔·西玛（Michael Cima）教授开设的化学课程。迈克尔·西玛将参加慕课学生的成绩与之前学生进行了对比，尤其对比了（在传统教室进行的）周测试的成绩。同格勒诺布尔大学的模式一样，在测试前后，会安排教学助理给学生答疑。西玛教授得出的结论是：参加慕课学生的成绩得到了提高；学生们十分欣赏周测试加 11 名教学助理的教学模式。当然，西玛的课程比之传统课堂投资花费要高很多。

同样地，圣何塞州立大学的霍斯陆·贾迪里（Khosrow Ghadiri）教授在其开设的“电路分析导论”课程中也发现了学生学习效果的提升，尤其是稍差一些的学生。同前所述，贾迪里教授也是应用了翻转课堂的教学模式：课堂环节仍然保留，以回答学生评出的难点；同时包含课堂现场评测。虽然这种方法加大了学习者的学习负担，但大部分学生都赞同这种教学模式。

网络大学西部州长大学（http：//www.wgu.edu/admissions/academic_experience_mentor）则会为每名学生配置一名导师，为其整个大学教育阶段提供指导。该校的观点是："难道导师角色不是教师最重要、最应该扮演的角色吗？"

此外，巴黎第六大学为新喀里多尼亚一年级医学专业学生开设的课程以及健康和运动科学数字大学（Université numérique des sciences de la santé et du sport，UNF3S）为塞内加尔学生开设的超声技术课程都表明，人力指导可以提升在线课程的效果和结课率。Unisciel 平台上专为初中生开设的慕课 Eurêka 会指派助教到中学里去为学生答疑，通常是由理工科大学的学生来扮演助教这一角色。

上文提到的超声技术课程，是由达喀尔大学指派教师来指导学生的实践环节。在法国的格勒诺布尔大学，是由三年级的医学专业学生指导一年级学生。这些助教可以因此得到酬劳，且数据显示这种助教经历对其未来发展也有益处。因为要向低年级的学生教授、解释课程内容，这些高年级的学生必须自己先构建知识结构，给自己提问。如果没有助教的经历也许他们不会提出那些问题。在新喀里多尼亚开设的课程则是由某位大学老师在网上提供支持，并远端监控学生的上课情况。由高年级学生指导低年级学生的做法比较普遍，通过网络或面对面完成，并且双方都会受益。受到塞内加尔的超声技术课程的启发，由马塞尔·斯佩克特（Marcel Spector）发起的法国 TIL 项目提供老年医学的硕士在线课程[①]也有助教参与。助教由参与项目的各大高校培训。参课者可以被录取到任何一所参与项目的高校（按参课者的意愿），课程注册费用为 800 美元，用来支付课程建设费用及助教费用。

从医学专业的慕课教学实例中，我们可以考虑一下围绕那些免费慕课构建一个"助教行业"。事实上，法国的一年级医学专业学生几乎都是依靠这种课后指导环节来准备考试的。换言之，他们在为传统课堂付费之外还要为课后指导付费。这种学习模式其实可以移植到慕课中，

① TIL 是法语 Trans Innov Longévité 的缩写，指由三所法国大学联合进行的老年医学远程学习项目（http：//www.til.cerimes.fr/index1/php）。该项目是优质教育创新项目 IDEFI（法语 initiatives d'excellence en formations innovantes 的缩写）的一部分，为一些高校提供远程硕士课程，并配备助教。——译者注

只要学生对助教指导有足够的需求。

所有的慕课经验分析都表明，低年级学生基础课程的学习是离不开助教指导的。换个角度看，我们可以不将慕课看作是面向大规模注册学生的在线课堂，而将其看作是配有相当于大学课堂里助教角色的“正常”课堂。当慕课以 SPOC 的形式面向小规模授课群体时，效果非常理想。SPOC 这一缩略词的创始人——加州大学伯克利分校的阿曼多·福克斯教授就强调：“学生在课前如果已经观看过慕课，那么课堂上的师生互动将更有效果，可以将互动聚焦在学生的难点上。”圣何塞州立大学的霍斯陆·贾迪里教授表示：“学生利用 Udacity 平台学习慕课的失败率非常高，而以翻转课堂的模式在 edX 平台上学习 SPOC 的课程，通过率则有 91%。”然而，同西玛教授一样，贾迪里教授也认为由传统课堂转型为翻转课堂模式的确耗费人力。转型所需的资源适用范围窄，这也导致了圣何塞州立大学中部分反对声音的出现，这方面的资料可以参见史蒂夫·科洛维奇（Steve Kolowich）的文章[①]。因此，我们认为高校教学中，有助教指导的慕课要

① 关于圣何塞大学对于这一问题的争论，可以参见 http：//chronicle.com/article/A-Truce-Over-Technology/143229/ 和 http：//chronicle.com/ article/Why-Professors-at-San-Jose/138941/ 上 Steve Kolowich（2013）的论述。——译者注

比无助教指导的慕课大有发展前景。小规模私有慕课或翻转课堂是未来的发展方向：将所有在线课程元素集成到“正常”课堂活动中，伴以教师点评及每周测试。

如果无法配置助教或导师，那就必须依靠学习社区——虚拟社区或当地学生会——来提高学习动机、解读课程内容，个人或职业影响力可以帮助学习者坚持完成课程。有些慕课课程，尤其是联通型慕课，要求学生自己组成交流评论小组，从而创造课堂气氛。如果积极的慕课学习者可以组成小型学习小组，他们完成课程学习的概率将很高。至于退课率，无论如何还是会很高，大概高于 50%。

最后注意一点，到目前为止，我们对于慕课费用的估算都基于一个假设：助教可以不出现在慕课中，暂不计入费用估算。

04

慕课的开发和融资

MOOCS

DESIGN, USE

AND

BUSINESS MODELS

慕课的优点及经济收益

高等教育

高校用慕课代替传统课堂的经济回报并不十分明晰：慕课的工作量远超传统授课模式，若想弥补这一缺陷，就必须有大量的学习者，每门慕课课程至少连续使用三年。

在翻转课堂教学模式中，使用慕课需要耗费大量人力，尤其是在第一轮使用时。即便重复使用且参与者众多，慕课也有可能入不敷出。慕课唯一可以看到投资回报的领域可能只有本科课程和一些“瓶颈”课程（BottleneckCourses，指那些由于同时有许多学生需要上而很难选上的课程），因为在这两个领域，慕课的使用可以节省额外添加资源的开销。免费且不会用在大规模校内教学的慕课以及一些复习进修课程，都是由一些非营利机构资助的，抑或是从其他费用预算中（如走国际交流预算）获取资金。要求学生付费参加传统考试以融入“正常”课堂的模式可以收回一部分开发慕课的资金。

未来我们可能会看到更多像Udacity那样的付费注册慕课模式。Coursera未来可能会将自己平台上已有的慕课课程卖给非重点大学，从而省去雇用技术支持人员的费用。但是那些大学的教师可能不会特别欢迎这一做法——将自己从大学教授变为哈佛大学或斯坦福大学慕课课程的助教。圣何塞州立大学的教师已经公开反对这一做法了，未来肯定还会有更多的教师反对[①]。没有足够资源独立开发慕课课程的学校，共享已有的慕课资源很可能会成为未来的一种趋势。一些大学构建慕课课程，并分享给不具备资源的合作院校，由合作院校自行聘请助教，这对于这些合作院校来讲，比聘请授课教授合适得多，也容易得多。当然对那些免费提供慕课课程的高校来说，其应该享受一些政策倾斜。

继续教育

继续教育是目前最受青睐的慕课领域，原因上文已提及，如高科技、较之面对面授课的灵活性、对高龄求学者或无法走进课堂的人士的兼容。

① 关于圣何塞大学为何不愿使用哈佛大学教授的慕课，可以参见http://chronicle.com/ article/Why-Professors-at-San-Jose/138941/ 上 Steve Kolowich（2013）的论述。——译者注

继续教育最关注的就是课程的吸引力和（职业）市场需求，而慕课正好契合了这一关注点，当然慕课不可能完全解决生源问题。必须经常接受继续教育的医生团体很早就利用远程教育管理系统进行网上学习了，这已经非常接近慕课教学了。从上文我们看到，慕课的初始投资费用非常高，大概在 50 000 ~ 200 000 美元之间，这还不包括慕课的运营费用。运营费用除了必要的人事费用外，有时还需要包括助教雇用费用。法国 TIL 项目提供的老年医学在线课程的经验显示，如果每位慕课学习者每年支付 800 美元左右的学费，那么这些学费就可以抵销慕课每年的运营费用，包括助教雇用费用。支付 800 美元获得 8 个学分的职业课程学历对于商业界还是比较现实的，但对大学学生可能并不十分具有吸引力。

回到大学的话题上，佐治亚理工学院在 Udacity 平台上开设的计算机科学硕士课程显示，尽管最初的 12 820 美元的运营费用（共 36 个学分）到第三年时已经降至 4 212 美元，如果注册学生人数不能大幅度增长的话，慕课的运行仍将是入不敷出。其他从传统课堂向以慕课为媒介的翻转课堂过渡的学校也都面临同样的问题。Udacity 的创始人塞巴斯蒂安 • 斯伦也表示，从财政角度考虑的话，慕课在大学是行不通的。

鉴于高校属于公共机构，高校教育具有很强的规范性，欧洲的大学并不期望慕课有百分之百的回报。法国的洛桑联邦理工学院是一个例外，该校致力于扩大生源，且收取相当高额的注册费。而在美国，由于学生自己（相较于政府）承担的教育费用比重越来越大，因而更加大了推行付费慕课课程的难度：既然不是（翻转课堂）课程的必修部分，为什么还要额外支付参与呢？换言之，为什么要花钱学习网络课程呢？加之不算助教的雇用费用，慕课的（第一年）运行费用是传统课堂的 3 倍，没有所在机构的补贴，慕课是完全不可能运行的。

数据收集

互联网上的个人信息收集在大数据时代的今天是一个热门（而且敏感）话题。慕课领域也有“学习分析”（learning analytics）、“数据追踪”（data tracking）这样的术语，指的是对慕课参与者的每次访问进行追踪并建立数据集。对这些访问的记录称为日志。很明显，那些为慕课提供平台的在线学习管理系统会收集这些日志，然后（原则上）匿名提供给慕课创建人参考。这些日志中含有慕课参与者的相关信息：登录时间、参课时长、访问过的文件及访问时长、作业完成情况、常见问题以及其在系统中的互动记录等。有些慕课项目甚至会记录参课者的工作环境、眼睛移动规律、键盘敲击模式等。这些数据对于慕课而言具有商业用途和教学用途，但这种数据收集行为本身还是具有很强的侵犯性的。任何数据收集行为都必须遵守《家庭教育权和隐私权法案》（*Family Educational Rights and Privacy Act*，*FERPA*）。这一法案禁止以不正当的方式泄露来自教育记录的有关个人身份识别的信息。因此，原则上除了统计用途外，出售学习者的个人信息是不能被接受的。Coursera 曾经在其运营模式中包含数据销售这一块，但最近已声明该平台不会销售学习者的个人信息。edX 似乎并没想过要做数据销售，但该平台会将未经处理的非匿名学习数据提供给合作高校的某一特定数据专员。无论如何，《家庭教育权和隐私权法案》的存在使得数据销售最多只能为那些在线学习系统带来边际收入。理论上讲，这些在线系统可能会将可识别学习者身份的数据信息文档销售给有需求的运营商及猎头公司。但由于这一商业模式相当敏感，违反职业道德，很多专家认为是不可行的。所以学习者在选择营利性的学习系统时要特别小心，一旦注册，学习者的个人信息就会成为该商家的财产，而学习者本人并不知道自己的相关信息会被商家如何使用。此外，欧洲的大学在欧盟范围以外的数据出口方面也必须遵守相关法律。各在线学习系统所收集的资料并不共享，但Coursera、edX 以及 Udacity 已经开始考虑彼此共享数据资源了。

这些数据能为慕课学习者提供更多的服务：如果说考试是对所学知识的认证，那么学生的课程活动数据档案就是对其能力的认证。我们可以预见到，这些学习活动数据的重要性在未来将会超过考试数据。此外，开设慕课的学校还可以利用这些数据来搜索、吸引有潜质的学生到本校就读。斯坦福大学和麻省理工学院对慕课成绩极为优秀的学生会颁发奖金。很明显，对声望低的学校来讲，这意味着“人才流失”。从终身教育的视角看，利用学习者的学习日志创建其学历文档是必须的，将来可能成为大学学分外的又一选择。方兴未艾的电子“徽章”可以在这方面提供技术支持。

同时，这些学习数据对教育学领域的研究人员也有着重要意义。这些数据可以用来帮助在线学习系统变得更智能，可以为学习者量身定制学习路径。这种智能学习系统目前在日本已经研发出来，很多相关的研发项目也正在进行中，如由法国斯特拉斯堡大学（University of Strasbourg）牵头的“个性化大众开放教育”项目

（Personalized Open Education for the Masses，POEMs）。但也要看到，尽管在智能追踪学习习惯方面已经有了进展，但要设计出真正智能的学习系统可能还要等上很长一段时间。无论如何，这一领域还是相当具有发展前景的。短期来看，这些学习数据最大的用途还是帮助慕课教师提高教学质量。我们必须承认，尽管为每个学生实时提供个性化在线教育是未来的一个发展方向，但离我们还很远。“很明显，虽然慕课有为个性化在线教育的发展作出巨大贡献的潜质，但目前我们离这一目标还相去甚远。若想实现这一长远目标，需要研究人员、项目设计指导以及计算机编程人员之间进行卓有成效的合作。”

此外，为了让这种系统数据收集被广泛接受，我们还有必要处理好法律及道德上的问题：谁有权得到这些数据？如何保证这些数据是匿名的？这是当今各个领域个人数据收集都要面临的问题。学生对于这一问题相当敏感：在法国洛桑联邦理工学院，已经有学生开始抱怨学校强迫他们向 Coursera 提供个人数据的做法了，他们担心自己的隐私得不到保证。当学校回应说学生们在 Facebook 上也会放置个人信息时，学生表示后者不同于前者，后者是自己有意识的选择，是自己自愿向 Facebook 提供数据的。

慕课的融资问题

除个别慕课外，大部分开发慕课的机构都选择了一种私有企业的运作机制。他们使用私有资本，辅以来自高校或基金组织的资金。Coursera 公司在 2012 年成立之初的 1 600 万美元启动资金，均来自美国 KPCB 风险投资公司（Kleiner Perkins Caufield & Byers）。到 2013 年年中，Coursera 从各个风险投资机构以及对这一前沿领域感兴趣的机构（如世界银行）那里共筹资 8 500 万美元。而由塞巴斯蒂安·斯伦同大卫·斯塔文斯（David Stavens）以及迈克·索科尔斯基（Mike Sokolsky）共同创立的 Udacity 在 2012 年成立之初的 1 500 万美元启动资金，则来自美国 CRV 风险投资公司（Charles River Ventures），一年后又从美国 AH 风险投资公司（Andreessen Horowitz）获得 1 500 万美元的投资。

Coursera 的经营主要依靠合作高校向其提供慕课，而 Coursera 则为这些高校免费提供平台，并根据慕课课程的使用及认证情况抽取一部分收入。此外，所有课程附属产品（如学习数据）的销售收入则全部由 Coursera 收入囊中。Udacity 虽然也要依靠合作高校，但公司本身有自己的录影室，可以制作自己的慕课课程。因此，Udacity和高校的合作关系并不是十分紧密。2013年底，塞巴斯蒂安·斯伦宣布公司将停止向高校提供慕课服务的资金运营，而转向为企业培训提供慕课服务。

总体说来，Coursera和Udacity的运营方式不同：Udacity自己开设课程，而Coursera依靠与重点高校的合作，旨在提供最好的、最受欢迎的慕课课程。

美国另外一个在线学习平台edX是由麻省理工学院和哈佛大学联合创建的，借鉴了麻省理工学院在远程教育领域，尤其是其“开放式课件”平台的经验。edX走的是非商业化道路，但也会抽取平台上慕课收入的50%，最少也要几千美元。edX是一家私有机构，以基金会的形式创立，成立之初的启动资金为6 000万美元，来自哈佛大学、麻省理工学院以及比尔和梅琳达·盖茨基金会。

成立于2006年的可汗学院旨在“重塑教育”，其创始人萨尔曼·可汗（Salman Khan）的创立动机是因为发现小孩在课堂上学习数学困难，而在电脑前通过互动游戏学习数学的成功率更高些。萨尔曼·可汗的理念体现在其著作《同一个世界，同一所校舍》（*The One World*

Schoolhouse）里。同 Coursera 不同，可汗学院同 edX 一样是非营利机构，得到了包括比尔和梅琳达·盖茨基金会在内的多家基金会的资助，共计2 000万美元，从埃里克·施密特的谷歌公司融到了 1 700 万美元的资金。可汗学院主要面向小学高年级学生以及中学生，平台上还有一些实用指导课程。可汗学院提供多达 60 种语言的服务，平台上有 6 000 多个教学视频，吸引了 3 亿以上的观众。教学视频可以供学习者反复观看直至理解，当然这并不是要取代教师：课程的理念是一种教师加视频的混合教学模式。

还有一些在线学习系统采用了互联网搜索引擎的运营理念，依靠广告费用求生存。例如，迈克·费瑞克（Mike Feerick）在 2007 年创建的 ALISON，旨在免费向贫穷国家提供教育课程。该平台的统计数据显示，这一系统吸引了来自贫穷国家的 200 万左右的学习者，这一数字可以同可汗学院一较高下了。

另一种运营模式的佼佼者是 Snapfish 公司创始人本·纳尔森（Ben Nelson）创建的 MINERVA 大学，启动资金为 2 500 万美元。其理念是在线课程和校园生活一样不少：学生在世界范围内的各个高校校区游学，通过在线课程、远程指导完成学业，从而拓宽学生的视野、提升学生的社交能力。每年的费用（包括学费和宿费）大概在 30 000 美元左右。

目前，主要的慕课平台如图 4—1 所示。美国慕课平台的主要资金来源如图 4—2 所示。

Coursera	可汗学院	Udacity	edX
Coursera 是由斯坦福大学教授吴恩达和达芙妮·科勒联合创建的一个营利性机构，为合作高校提供课程平台。其合作高校均为著名大学，课程的组织和内容由高校负责	可汗学院是慕课大潮中的先行者，由萨尔曼·可汗于 2006 年创建，旨在重塑教育。可汗学院为大多数人免费提供优质课程	Udacity 同样是由来自斯坦福大学的教授塞巴斯蒂安·斯伦创立。Udacity 只与个人而非高校机构建立合作关系，因此教师可以直接将课程放到其平台上	edX 是由哈佛大学和麻省理工学院共同创建的非营利高校联盟，联盟中还包括加州大学伯克利分校以及其他 9 所即将加盟的高校。平台上的课程全部来自联盟内高校

图 4—1 主要慕课平台

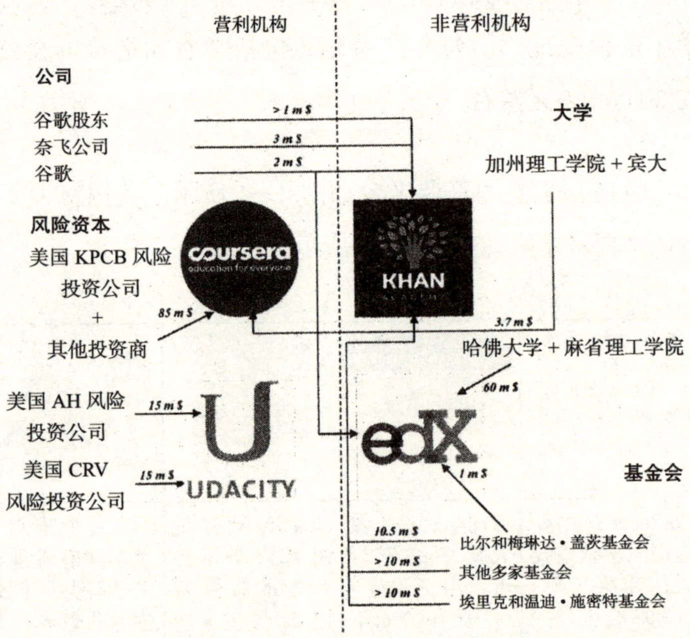

图 4—2 美国慕课平台的主要资金来源

“慕课革命”的一个重要转折点是 2013 年 6 月，edX 公布了其平台源代码（OpenedX）。这具有划时代的意义，因为这使得更多的在线平台可以以低廉的成本被开发出来。每个人都可以创建自己的内容，同世界的其他人分享。2013 年 9 月 10 日，谷歌公司发布声明，将联合 edX 共同开发 OpenedX 门户网站。

欧洲的很多国家也正在酝酿一个大范围的欧洲项目。在英国，由英国公开大学主办的 FutureLearn 联合了 20 多所大学（2014 年初的统计为 23 所大学）以及大英图书馆（British Library），融资 2 000 万美元私有资金。FutureLearn 的在线服务面向全世界，且刚刚与韩国延世大学（Yonsei University）签定了合作协议。德国的 Iversity 平台在 2011 年 7 月从 BFB Frühphasenfonds Brandenburg 基金（欧盟占 75%，Brandenburg 占 25%）以及 BMP 的传媒体投资人处获得了 100 万欧元的资金，之后又从包括德国电信（Deutsche Telekom）在内的多个渠道得到投资资金。为德国巴伐利亚地区提供在线服务的"巴伐利亚虚拟大学"（Bavarian Virtual University）在这方面取得了巨大成功，主要是因为其为完成课程的学生提供学分认证。但只有一部分学分可以在线获得，其他学分还需在注册学校获得。这是一种混合教学模式：在线学分加上面对面授课学分。在线课程涉及面很广，学生可以自由选择在线学习地点。西班牙的 Miriada X 平台则是由桑坦德银行（Banco Santander）和 Telefónica 电信公司共同资助。欧洲远程教学大学协会（European Association of Distance-Teaching Universities，EADTU）在欧盟委员会的资助下创立了 OpenupEd，提供多个国家多个语种的课程。

在中国，依托互联网及网络助教的中国公开大学（Open University of China，OUC））正向着慕课教学挺进。很多重点大学在清华大学的带领下形成联盟，借鉴OpenedX于2013年10月创建了中国的慕课门户网站“学堂在线”（XueTangX）。联盟中包括了南京大学和上海交通大学，而后者则创建了“好大学在线”（CNMOOC）平台。北京大学则是在李晓明教授的带领下将其慕课课程置于Coursera上。

在澳大利亚，澳大利亚公开大学（Open Universities Australia）创建了门户网站Open2Study。以上的大部分项目都借鉴了在线教学的已有经验和技术，免费提供课程，未来可能会提供欧洲学分系统认证的学分。

以上所有的项目都借鉴了Coursera和edX的模式，即同高校紧密合作。

许多新兴公司也跃跃欲试，希望在慕课的大潮中分得一杯羹。比如一家名为Learning Shelter（意为“学习园地”）的公司开始为私人在线学习者提供我们在本书第3章中所提到的助教服务。这样的公司未来会越来越多。

法语教育的大学世界里，一些高校（巴黎高等师范学院、里昂高等师范学院、巴黎综合理工大学、鲁文天主教大学、蒙特利尔综合理工学校）以及洛桑联邦理工学院最近联合创建了门户网站 OCEAN，专门给法语慕课课程提供服务。与学术期刊很类似，该平台的参与高校均为重点院校，质量控制由编辑委员会负责。该门户网站面向所有法语国家。

法国的 FUN（France Université Numérique 的缩写，意为"法国数字大学"）系统创建于 2013 年 10 月 2 日，由研究与高等教育部（Ministry for Research and Higher Education）发起。借鉴 edX 的模式，FUN 采用学术合作基金的模式。鉴于 OCEAN 的受欢迎度，FUN 可以考虑面向国际舞台，聚焦法语国家。根据研究与高等教育部的统计，FUN 的注册学生有 300 000 人左右，在 2014 年 1 月至夏天之间，提供了 25 门以上慕课课程。截至 2014 年年底，一共提供了 70 门以上的课程。从世界范围看，对于该平台的主要兴趣来自非洲，占注册学生的 7%。

FUN 采用了类似 Coursera 和 edX 的三方操作模式，即课程开发涉及授课教师、授课教师所在学校以及基金会，因此系统不对个人慕课开放。该平台选用的是 OpendedX 学习管理系统，并加以改造以适应法语学习者。

这种三方操作的运行模式在不久的将来很有可能被推翻：近期 edX 同谷歌正在合作创建一个新的学习管理系统 mooc.org，在这个系统中，任何人都可以发布自己的慕课课程。而可汗学院免费提供课程的模式可能在未来会使人们对高校所扮演的质量护卫角色提出质疑。

我们从上述内容可以看到，目前还没有可行的经济模式能保证大学慕课的可持续性发展。2013 年 Coursera 的收入（主要来自结课认证）仅为 100 万美元。因此，慕课想要生存下去，要么努力吸引更广范的付费学习者，不仅是面向高校学生，还可以为中小学学生提供辅助教程（类似于可汗学院的做法）；要么聚焦终身教育中的商业培训。否则，慕课只能成为提升声誉的工具、资助研究的项目或者教育革命的拓荒者。这一点我们将在下一章中继续讨论。

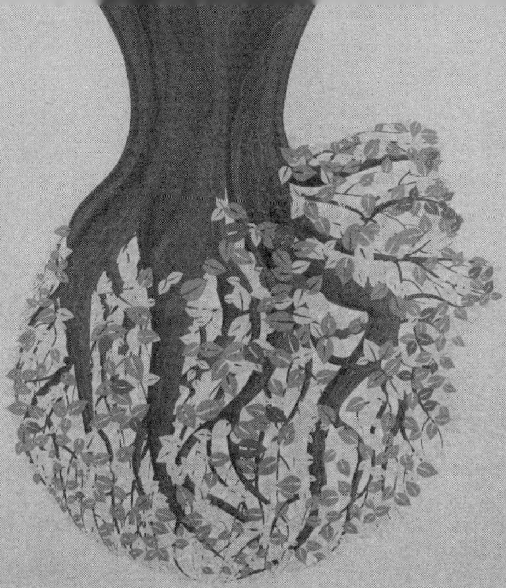

05

慕课和高等教育

MOOCS

DESIGN, USE

AND

BUSINESS MODELS

教育界对慕课表现出了极大的兴趣。是否如有些人所说，慕课是一场革命？如果是的话，是教学革命还是教育体制革命？会不会导致一些高等教育机构解体？慕课会不会破坏学术界？对此，Udacity 创始人塞巴斯蒂安·斯伦在 2012 年的电子杂志《连线》上发表了著名的文章，他预见十年内美国的大部分大学将不复存在，当然，他的观点后来也发生了一些改变（参见第 4 章）。这里，我们引用一下内森·哈登（Nathan Harden）在《美国利益》（*The American Interest*）杂志上发表的文章《我们所熟知的大学的消亡》（*The End of the University as we Know it*），文章的开头这样写道："最多再有 50 年，美国现有的 4 500 所大学中，将有一半不复存在。引发这一变革的技术正在被广泛应用，没人能阻止这一发展趋势。未来的愿景很可能是这样的：大学教学对每个人都是免费的；供学生起居的校园将消失；成千上万的大学教授会失业；本科学位的概念越来越淡化；十年后哈佛大学招收的学生将达到上千万人。"

慕课和大学

在讨论未来慕课对大学的冲击之前，我们需要清楚地理解大学的构成。

大学是什么

大学本质上是教师和学生构成的社交群体，独立于宗教和政权之外，致力于知识的传播和思维的养成：创造新知识、科研以及教授真理，对过往或正在构建的知识进行批判性的审视；有时候，大学甚至被看作教师获得学位的地方，获得教书资格甚至特权的地方。

如今的大学仍然是独立于宗教和政权之外的机构（各地情况略有不同），遵循着以上的办学宗旨，为学生提供通往职业道路必备的知识和技能，如教育、法律、医学等，同时与其他培训机构不断地竞争。

大学的目标市场是哪些群体

随着时间的改变，大学里最初占统治地位的师生社交群体被教师群体所替代。当然，在英语世界的大学里，由于毕业生（校友）的影响力以及他们在高校教育中所扮演的重要角色，师生群体还有一定程度的保留。在过去，教师与学生间的紧密关系是大学教育不可分割的一部分：学生念完本科后，会跟随一个或多个教师完成博士学位。很明显，现在大学教育的师生比例意味着这种紧密关系的消失，至少对于本科和硕士阶段的学习是这样。博士阶段的学习依然要仰仗这种紧密的师生关系。

大学终归是面向学生的，那么就让我们讨论一下"学生"这个词吧。学生考取大学的首要目的是拿到学位，将来可以找到一份体面的工作，还是学习知识和增长学问？学生进入大学是否希望沉浸在科研和人类智慧的氛围中，学会独立思考，探索真理，养成批判思维，以期成为一名合格的国家公民？事实上，学生可能是以上所有定义的混合体，只是各个定义在每个学生的学习目标中所占的比重不同而已。

不可否认的是，大部分学生念大学的初衷是要拿到一纸文凭以保证将来就业。文凭对学生的重要性甚至令有些学生铤而走险——考试作弊或从"野鸡大学"获取假文凭，毕竟结果比内涵更重要。然而，若想找到一份赚钱的工作，学历文凭必须是含金量高的。因此，学生（尤其是学生家长）都希望考取淘汰率极高的名校；而这种高校的淘汰机制在孩子很小的时候就已经开始了，对于贫困家庭的孩子来说想要赢在起跑线上似乎变得更加艰难了。从这个意义上讲，大学教育和学生的家庭背景相关，富裕家庭的学生更喜欢名校的淘汰制，换句话说，他们本身就不喜欢开放的大学。

综上所述，很少有学生考入大学是为了获得独立的思考能力，对世界问题进行批判性思考，创造新知识，沉浸在学术气氛中。当然，几年的大学学习给予学生的肯定不仅仅是一纸文凭。博士阶段的学习另当别论。

哪些大学会受到冲击

基于以上各种压力，高校正在根据自己的生源调整办学，越来越强调应用型人才培养。一小部分高校鼓励其学习出色的学生以国际化的眼光探索知识，致力于科研。慕课的教育不以紧密的师生关系为依托，因此不太适用于博士阶段的研修。实际上，慕课代表的正是博士教育模式的反面，授课教师远离学生，只是偶尔 E-mail 联系答疑。因此，那些研究型大学在经济上占有先机，在教学上不会受到慕课的竞争冲击，但这些大学在授课中还是会用到慕课的。对于那些重点高校，面向校外学习者开设慕课旨在维护、提升学校的声望，以及吸引世界范围内的好生源，尤其是博士生。

其他高校则更加注重教育的市场需求以及学生的校友联谊需求。在某些著名大学里，校友联谊是其重点，而在其他大学，专业技能教育及证书含金量是重点，如土木工程、医科、法学、农艺学等。慕课并不影响校友联谊，最容易受到慕课冲击的是非重点高校开设的职业技能课程。同样面临竞争压力的还有非研究型高等教育机构。正因为如此，才会有人认为慕课对大学构成了威胁。美国的博士学位基本上都是由 4 500 所高校中的 400 所高校颁发的。既然如此，为什么还要花钱到其他 4 100 所高校去就读呢？为什么不在家里学习由名师开设的慕课课程，从而拿到哈佛大学的学位证书呢？

大学里的慕课及“教学革命”

慕课的大潮会席卷整个传统教学模式吗？有人给出了肯定的回复，很多人亦期望如此。所以也就难怪达芙妮·科勒成为了 Coursera 的创始人之一，她在斯坦福大学就是“翻转课堂”的倡导者。

首先，如果古希腊人能穿越到当下，他可能会发现先生对弟子面对面的授课方式是唯一跟柏拉图时代相似的人类活动：学生坐在台下，老师站在前面的讲台上讲课，只是讲课的内容会不同罢了。因此，很多人都表达了进行教学现代化改革的愿望。

那么在这场现代化教学改革中，慕课又扮演什么样的角色呢？最主要的一点是，慕课将取代课堂上教师的主导地位，解放学生和教师，鼓励学生做练习，为学生提供个性化指导和“训练”。或者说，慕课给予了学生一定的“教师时间”，用来与教师或助教就某一话题进行深入探讨。上文提到的“翻转课堂”就是这种教学模式。为什么叫作“翻转”？是因为学生在观看完慕课后在课堂讨论中占据了主导地位。“翻转课堂”教学模式的创始人乔纳森·伯格曼（Jonathan Bergmann）和亚伦·山姆（Aaron Sams）在The Daily Riff网站概括了翻转教学法的优缺点：

- 翻转教学法可以促进师生互动，提高学生的课堂参与度；
- 老师不再是凌驾于学生之上的“万事通”，而是学生身边的学习指导；
- 该教学法可以更好地因材施教，为学生提供个性化的教学，而不是全班所有学生统一学习步调。

翻转课堂并非只是要学生坐在电脑前取代老师，更不是对学生不管不顾的散漫教学。翻转教学模式在其创始人的理念中仍需要教师的教授。福克斯也表示，翻转教学是一种辅以额外资源的教学模式，即“辅以小型私人在线课程的课堂教学模式”。翻转教学法和慕课是相辅相成的，但二者并不完全等同。尽管二者在在线课程上的理念（学生在与老师互动前能够 / 必须观看课程视频）是相同的，但学生在翻转教学法中与教师进行互动，而在慕课授课中则是完成作业和讨论。我们认为带有助教的慕课正是两者之间的一个平衡点（参见第 3 章）。

当然，这种教学法也有其理想化的一面。懒散的学生在阶梯教室上课时会在桌子下面发短信；同样，他们在观看慕课课程时也可能是躺在沙发上边吃比萨饼边观看。但针对有学习动机的学生，进行小班授课并给予必要的指导，这种教学模式会令很多学生受益。换言之，大学慕课的未来在于小型私人在线课程以及各种翻转课堂教学法。教师的角色会逐渐被慕课所改变，不再是课堂的主导，而是学生讨论的指导者，帮助学生在学习上取得进步。

一些大学，如法国洛桑联邦理工学院和里尔第一大学，已经开始了这方面的实验，以取代大一学生的阶梯教室大课。如前文所讲，如今的学生已经很难集中精力去听一堂“经院式”的授课了，他们通常都是一边上课，一边在底下玩手机或平板。所以，未来的大班授课肯定要采取慕课授课的形式，学生们可以根据自己的时间安排学习课程内容，老师会指导学生的实践环节。我们认为这就是未来教育发展的必然趋势。

同样地，宾夕法尼亚大学的结构化主动课堂学习项目（Structured，Active，In-class Learning program，SAIL）课程旨在辅助教工通过结构化的课堂内容、助教的指导，创造出学生积极参与的课堂。一部分的课堂内容置于网上，学生在上课之前要掌握其中的内容。

正如第 3 章中提到的，我们认为在大学教育的初级阶段，未来的趋势是辅以助教的慕课模式，即在线课程加面对面授课。同时，我们看到翻转课堂的教学模式可以帮助提高学生的学习效果，尤其是基础相对较弱的学生。翻转教学法的一个最主要缺点在于，工作量是“正常”教学法的 3 ~ 4 倍。翻转教学法需要事先设计出在线课程内容以及布置每周学习任务，同时需要培养一批助教，以及开放教室完成“面对面互动补充课程”。

翻转教学法可以使学生更好地理解课程内容，且可以解决瓶颈课程的问题。这里我们可以引用福克斯的话："小规模私有在线课程的最大好处是我们现在可以教授的学生数是从前的 5 倍……以前我们受到批改作业及助教资源的限制，可教授的学生人数极为有限。如今我们的助教比例并没有改变，但他们的工作内容却发生了改变。他们不再批改作业或卷纸，因为计算机都可以自动完成这一切。他们不用再一遍又一遍地重复授课内容，因为如果学生缺席了课程或是有没听懂的地方，他们可以自己上网重新观看视频。他们不必再去手动练习或做作业了，因为我们的在线课程中已包含了这一部分，有点类似于同学间学习提问板块。如今，助教可以将重点放在更高级别的课程活动上。"这段援引虽然有点长，但向我们清楚地展示了，在理想的条件下，翻转教学法是如何改变教师的角色并提高教学质量的。至于学生人数的增加是否足以抵销开发小规模私有在线课程的费用还很难说。

慕课除了可以用于讲授大学经典课程外，还可以用来教授一些其他类型的课程，如复习课程、补充必要知识储备的预备课程、挂科学生的重修课程、运动员或参加实习学生的补考课程，等等。法国北方高等商学院

（EDHEC，又译为艾代克高等商学院）为高级运动员提供所有课程的在线学习。因此，慕课对于大学就读学生有很多有益的用途。

大学真的已穷途末路了吗

本章开头已经提到，目前有一种呼声认为，慕课浪潮必将带来高校的解体。电子科技领域的一家新兴公司创始人吉尔斯·巴比涅（Gilles Babinet）将慕课革命看作又一场印刷革命："就像中世纪时西方活字印刷术发明人古腾堡（Gutenberg）解体了大寺院一样，慕课也必将解体大学"。这也让我们想起了1956年关于"人工智能革命"的预言；赫伯特·西蒙（Herbert Simon）及其追随者无疑是正确的：计算机并没有仅仅用来做计算。他们当时预测机器将会很快跟人类一样智能，并渗透到生活的各个方面，如今看来无疑是正确的。信息和通信技术接管了我们的生活，这在50年前是不可想象的，只是"这场革命进行了60余载，并且尚在继续"。对于"革命"一词，我们比较倾向于认为应该是短时间内发生的事件。如第1章所述，始于材料邮寄的远程教育发展历程也很长，视频教学更是已经存在了 50 个年头。这里，本书的第一作者希望跟读者分享一段往事：

> 1966 年，我录制了自己的第一个教学视频，当时我是法国埃纳省圣康坦市亨利·马丁学校（Henri Martin School）一名年轻的数学老师。视频是录给六年级的学生看的，效果很好，学生们通过视频学到了很多。但是视频制作却成本很高，同时需要投入大量的时间和精力。用今天 IT 行业的话讲，当时的系统还不能“升级”。换言之，当我们将教师从授课过程中剥离并将课程视频提供给多个平行班观看时，效果非常不理想。作为教学工具的闭路电视电路也早在多年前就已经消失了。

很多认为慕课将导致“高校的末路”的人，其实都是站在经济的视角来看待这个问题的：既然通过慕课可以免费学习课程，又有谁愿意花钱上课呢？一方面，无可否认，大学尤其是美国大学的学费非常高，且还在不断提高。2007—2012 年间，美国政府给予每个学生的资助减少了 27%，而学费（将通货膨胀计入）却平均上涨了 20%。另一方面，慕课又是免费的。学生们当然知道这两者之间的经济差距。然而，这一观点却不太站得住脚，因为人们更看重的是所接受教育的未来职业发展。从这个视角出发，大学教育所获得的认证以及人脉才是更合算的投资。至少，在高校教育供给充足的国家的年轻人都是这种想法。

我们注意到，18 ~ 25 岁的年轻人不仅仅希望在大学中学习知识、取得文凭，更希望在社交方面获得成长的空间。大学的这一优势是慕课所无法复制的，即使有虚拟社区的设置也不行。因此，我们并不认为大学的末日已经屈指可数了。另一方面，我们相信传统阶梯课堂迟早要转型为在线课堂。随着时间的推移，这将大大降低高等教育初期的教学费用，因为足够多次数的反复使用会降低慕课的使用成本，并远低于在同一时间段里雇用老师的费用。目前来看，本科学生支付的学费都流向了科研领域，而这些本科生可能并没有从中受益；相反利用慕课学习，学生所需支付的费用会更低、更合理。

高新技术人员总是会犯同一个错误：忘记了学习是需要学习动机的。单纯把学习者带到屏幕前是不能解决这个问题的，而老师（如果不行的话，可以是助教）的存在可以部分地解决这个问题，因为有来自他人的反馈。虽然不能说学生是为老师而学，但几乎所有的父母都同意，讨厌老师的孩子通常成绩都不好。不过我们在翻转教学法的论述中已经看到，这种教学法并不仅仅是将学生晾在电脑屏幕前。在一些权威人士看来，这种教学方法是非常可行的，这毕竟可以降低雇用老师的费用。这些人希望看到一场慕课革命。让我们再清楚地说一遍：在高等教育的初级阶段，慕课的发展方向是开设有助教指导的慕课课程，面向那些无法出现在课堂的学习者，或者是面向校内学生的小规模私有在线课程。之前我们提到，72% 学习哈佛大学和麻省理工学院开设的慕课的学生都来自海外。

综上所述，短时期内高校机构是不会因为缺乏生源而关门的。但有些老师将这种威胁看得十分严重，甚至从 Coursera 上拿下了自己的课程，如普林斯顿大学的社会学教授米切尔 • 邓奈尔（Mitchell Duneier）。有人甚至动情地写道："知识向来都是大学的垄断，由大学负责传播和创造；而如今，慕课却在我们的眼皮底下成为了大规模传播知识的强大武器。慕课像极了大学里所教授的课程，就像苏打汽水饮料 Canada Dry 像极了酒水一样，但慕课具有极大的杀伤力，威胁着知识和大学的生存。"很显然，写出上面这段话的人并没有仔细研究究竟是谁在利用慕课学习，慕课又可以为大学教育带来哪些额外价值。典型的大学学生是不学习慕课的，至少不会有意识地利用慕课学习。实际上，慕课最重要的价值体现在继续教育领域：尽管慕课的理念是面向所有人的，但在西方国家主要还是面向那些已经受过良好教育或有强烈学习动机的人。声称慕课会破坏知识的说法更是没道理可言：许多慕课的课程内容比很多大学教授所讲的都要精彩很多。当然，如果想要判断一门慕课课程的价值和其内容的真伪，学习者应该亲自上过相关课程或对相关领域较为熟悉。

持上述否定观点的人肯定对这个地球上四分之三的国家的国情一无所知：在这些国家，高等教育资源稀缺。难道那些贬低慕课价值的人要为非洲、亚洲和拉丁美洲几百万无法在本国获得高等教育机会的学生提供奖学金，以便让这些学生都可以到发达国家就读重点高校吗？还是要在这些国家投资以资助他们创建大学？

让我们再重复一遍：对于那些高等教育资源充足的国家而言，慕课是不会阻碍大学的科研和知识的创造的，而往往与慕课竞争的是那些传播低级别固定知识的课程，那些课程并没什么社会认可度。

慕课和终身教育

本书第3章已经提到，慕课最大的潜在受众群体是那些无法应对传统课程时空限制的人。换言之，就是所有终身教育的参与者。除了时空限制，经济因素也需要考虑在内：很多慕课至少在注册时是免费的，同时获得认证的费用也不高。

慕课作为终身教育载体这一理念如果想被广泛认可，首先必须得到商业界的认可，这样商业机构会向自己的员工推荐公司或委托合作伙伴开设的慕课课程。职场人士所供职的单位会为其员工支付慕课的注册费用，可以用来抵销慕课的开发运行费用。很显然，这样的课程需要认证证书，员工结课的学分必须得到政府规定的职业教育负责机构的认可。根据员工所参加的培训课程建立学历档案，同大学学历一样给予认可。没有这种认证技术，慕课在商业界的推广必定受到限制。像美国这样的国家很可能在未来会采用这种职业认证模式。

慕课目前最大使用群体是谁

所有的资料都表明：目前，大部分慕课的注册者都是寻求继续教育的学习者。自愿注册慕课的大学在校生所占的比例一直都不高，基本不会高于15%。英国爱丁堡大学在其置于Coursera的慕课课程的运行中也得出了类似的结论：学生的慕课使用率仅为14.8%。通常，除非教师推荐，学生对慕课学习并没有什么强烈的意愿。事实上，学生之间有一条彼此心照不宣的原则——非本校自产，必非精品！在老师中间，这种偏见更为盛行：他们甚至很少推荐校外学者的著作，更不用说推荐慕课了！另一个原因我们曾在第3章最后提到，如圣何塞州立大学的哲学教授们所说，大学教授没有意愿沦为他校教授的升级版助教，无论他校教授名气更大，还是比自己更有能力！（“奇耻大辱”，不是吗？）

既然慕课从诞生之日起就是面向每个人的，那慕课的学习者就不仅仅只包括学生了。因此，我们看到塞巴斯蒂安·斯伦的“人工智能”课程吸引了大量的非学生团体，其中有些人成绩非常突出。可以说，对于本科生来说，在没有授课教师的强烈推荐或者说不考试的前提下，自愿学习某门课程（无论是慕课课程还是传统课程）的比率不到15%。正如马修·西塞尔在其博客中所说：“为了学问而学习并不现实（学生通常是为考试而学习）。”另一方面，如果课程大纲中要求学生进行慕课学习并给予学分的话，那学生们就会注册学习（如在麻省理工学院，有 50% 的学生参与了慕课学习）。让我们再来看看不包含在大学课程中的慕课，初始资料显示，学习者的平均年龄高于大学学生（80% 的学习者年龄高于 25 岁），同时他们的受教育水平也要高于本科生（80% 的学习者都是有硕士学位的白领或行政主管）。Coursera 的数据显示，83% 的慕课学习者都受过高等教育。以上数据似乎说明人们大概从 26 ~ 27 岁以后才会自愿学习慕课。

完成自己的教育后，人们总是会想着“再学点新东西”。欧文·英曼的调查发现，90% 拿到他的慕课结课证明的学习者在这之前已经获得了大学学位。这些人表示，完成一门新的慕课课程，让他们感到自己“比别人更聪明、受到了更好的教育、具备了更新的知识”。我们注意到那些完成慕课学习的人通常有这样两种观点：

1. 可以得到结课证明是他们能完成慕课学习的动力；
2. 完成的慕课课程可以为他们的履历表增色不少，表明他们有自己的特殊兴趣并有能力为自己的兴趣进行投资。

我们再强调一遍，大部分的慕课学习者已经在这之前获得了大学学位。换言之，慕课课程是对他们的大学教育的补充——至少对于那些大部分高校适龄人口都能获得大学教育的国家是这样的。克里斯滕森等人表示宾夕法尼亚大学 79% 的慕课课程的学习者都拥有本科学历，年龄在 26 岁以上。最典型的例子是巴黎第十大学开设的名为“哲学与生活方式：从苏格拉底到皮埃尔·阿多和米歇尔·福柯”［Philosophie et modes de vie（de Socrate à Pierre Hadot et Michel Foucault）］的慕课课程。该课程吸引了 10 000 多名学生注册，在 FUN 平台上的受欢迎度仅次于由法国国立科学技术与管理学院开设的、吸引了 20 000 名注册学生的课程“从管理者到领袖”（Du manager au leader），后者主要面向有一定商务经验的学习者。

继续教育的学习者还可以再细分为两类群体（前者占一小部分，后者占大部分），学习的慕课类型也不同：一类是那些不需要认证授课内容习得效果的学习者，如单纯为了乐趣学习慕课的退休人员（有些 70 岁以上的老人会参加高中考试）；另一类是那些需要学历认证并在其履历表中得以体现的职场人士。

在本书第 3 章中，我们已经论述过慕课评测这一话题。如果我们假设 Coursera 的认证确实如其所说具有相当的可信度，那么我们可以进一步区分一下不同类别的慕课认证：一种是求职市场需要的认证；另一种则是只有学习者本人感兴趣的认证。无论如何，慕课学习者对学习认证有着很大的需求。如前所述，如果我们希望在继续教育领域推广慕课，那对慕课学习者的认证是必要的。其中，慕课学习档案是相当重要的一环。未来也有可能（其实已经开始）给参加慕课学习并实地出席考试的学生颁发真正的学位证书。Coursera 已经给慕课学习者提供结课认证了。为贯彻这一理念，我们需要为学生提供真正的实地考试，学生必须到场参加。有些慕课课程已经采取了这种做法：学生在线进行慕课学习，然后到测试中心参加结课考试。因考试组织者通常要收取很高的考试费用，所以这种做法能够为慕课带来收入。

慕课的多种用途

注册后认真学习慕课内容的人通常都有明确的追求目标：获得某个领域的知识或技能以满足职业需要、休闲娱乐或特殊爱好。图 5—1 中将慕课的领域分为了两部分：带有科研元素的高等教育领域和强调应用型的职业培训领域。A 和 D 两部分指的是职业培训和终身教育领域；B 部分为所有个人爱好领域，如飞钓技艺、法老的生平、加州纳帕谷的美食和葡萄产业等；C 部分指的是那些并不急需学历认证但是希望完善、拓展以及多样化自身教育的人士。

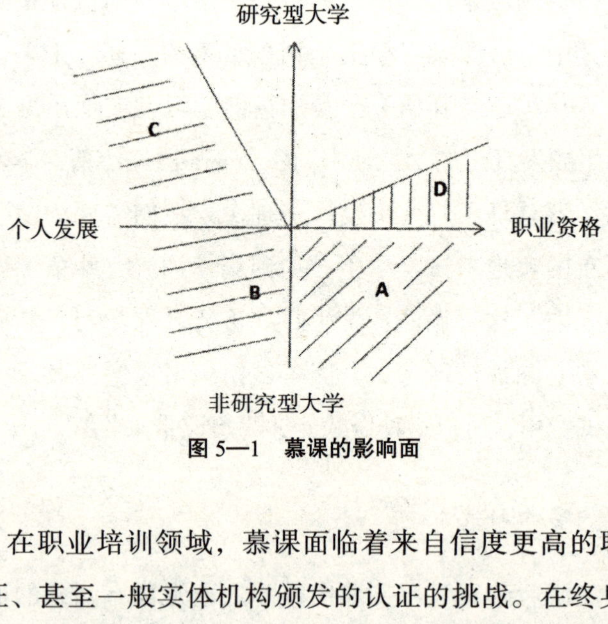

图 5—1　慕课的影响面

在职业培训领域，慕课面临着来自信度更高的职业认证、甚至一般实体机构颁发的认证的挑战。在终身教育领域，慕课似乎拥有光明的未来，只要职业课程学分得到认可即可，因为这些有着强烈学习动机的学习者的年龄决定了他们不可能、也不愿意再回到全职学生身份。不管是发达国家的“超龄”学习者，还是那些高等教育资源匮乏的国家的学习者都是慕课的潜在受众群体。在非洲和亚洲，上百万年轻人以及不太年轻的人缺少受教育的途径。

值得一提的是，慕课在银发经济[①]（silver economy）领域有巨大潜力。这些人不太愿意定时上课，但是对疾病治疗教育却表现出浓厚的兴趣，非常愿意学习如何更好地预防、管理慢性疾病。患有糖尿病、各种癌症以及神经组织退化疾病的人，可以通过接受相关教育，让自己生活得更舒适。有数据表明，接受过自身健康管理方面教育的人更容易接受治疗。此外，这些人可以利用慕课的联通性同病友交流，降低自身的孤独感。这种慕课的开发可以由各种患者协会发起推动。事实上，我们已经有了这方面的教育光盘，如阿尔茨海默症患者的护理，慕课则更具互动性。另外一个潜在领域是培训老年人的护理工作。老年人的家庭成员和朋友、家政服务人员、陪护人员以及护理中心的工作人员都是潜在的慕课受众。

健康和运动科学数字大学的阿尔伯特 - 克劳德·本哈默（Albert-Claude Benhamou）及其同事在非洲的实验数据表明，远程教育的在线课程或光盘形式的视频课程对于非洲民众是非常重要的，因为他们别无选择。但为了帮助学习者更好地吸收课程所授知识，需要当地助教的

① 指与（银发）老年人相关的经济。——译者注

教学支持，来答疑、鼓励学生、辅导作业以及最终在结课时为学生提供结课认证。只有实行这种慕课教学模式，教学效果才能得以保证。一些学习者结课后将来可以转做慕课助教。从个人发展角度，除了需要师生关系紧密、不受短期目标限制的（博士）部分教育外，慕课在所有其他领域都有发展前途。

除大学教育外，我们认为未来慕课还可以分成这样两类：一类是那些附有认证（甚至是学历）的、在求职市场中拥有较高含金量的慕课；另一类是目的性相对较弱、涉及个人自我完善的进修课程。

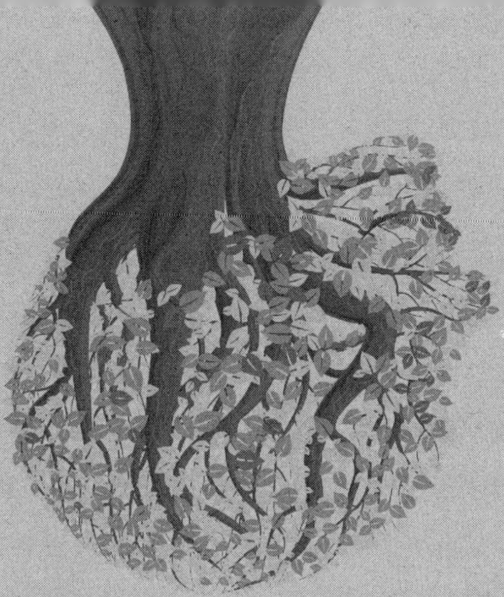

06

未来，慕课将何去何从

MOOCS

DESIGN, USE

AND

BUSINESS MODELS

“慕课”还是“不慕课”

在有些人看来，慕课已经过时了。2013 年有众多专家参加的柏林在线教育大会上，慕课专题讨论小组的讨论话题极富挑衅性：“慕课必将消亡。”在众多反对慕课的观点中，来自爱尔兰海伯尼亚学院的尼古拉斯·布雷克韦尔（Nicholas Breakwell）表示，慕课代表的是一种提高课堂对学生吸引力的市场营销策划，然而慕课的结课学生同“正常”课程的学生在就职成功率方面不相上下，但慕课开发的费用却远高于“正常”课程。也有人表示慕课并不能算作新现象。

如第 1 章所述，慕课是远程教育和在线学习的一种延伸。那些认为慕课并非新生事物的观点其实是一把双刃剑：远程教育确实有好几十年的历史，但同时也使很多人从中受益。短短 10 年间，美国学习在线课程的学生比例从 10% 上升至 33%。这一比例一直在稳步上升，而且高于学生人数的上升速度。同时，认为在线教学效果不如面对面授课的教育者也在不断减少，已经降至 25%。

实际上，如英国学习技术协会的马伦·蒂普威尔

（Maren Deepwell）所说，慕课的最重要特征是面向大众。因此，慕课所面临的挑战是如何将“大众化”和“个性化”结合在一起——制造业也面临同样的挑战，因此产生了术语“规模定制”（Mass Customization）；慕课领域的术语则是法国斯特拉斯堡大学所说的“个性化大众开放教育”。在我们看来，这其中有两种解决方案：助教指导和智能学习分析；后者属于“学习技术”领域。换言之，慕课系统必须能够评测每个学习者的能力水平，并作出调整，以激发学习者的优势。在过去20年里，已经进行了很多这方面的研究。学习系统如何能探测出学生的学习风格、水平等级以及学生学习中所犯的错误并给予适当的批改？这方面的研究可以参见埃里克·布鲁伊拉德（Eric Bruillard）和莫妮克·巴伦（Monique Baron）等人的研究。未来慕课的大潮很可能会进一步推进这一领域的研究，创造出更为智能的学习工具。

另一个反慕课的观点是关于慕课的退课率，使得有些人怀疑慕课是否有足够的能力服务于世界范围内教育的巨大需求。这里，我们可以引用马萨诸塞州卫生与技术教育发展中心副主席兼理事瑞贝卡·斯托克尔（Rebecca Stoekle）的一段话：

当然，现在的慕课还存在着很多缺陷，因此招来一些人的质疑：极低的结课率、孤独的学习体验，匮乏的且存在瑕疵的评测手段，尤其是并没有履行当初的承诺为世界范围内几百万缺乏教育资源的年轻人提供高质量的教育。……但为什么一定要将慕课看作是一种授课范式呢？为什么不可以将慕课看作是像 eBay 或者 Patients Like Me（为病人之间提供交流开设的平台）这样的社交门户网站呢？我们可以利用慕课在世界范围内进行广泛的知识、技术、商品以及服务交流。为什么不能将慕课转型为一条人力资本价值数码链呢？

在面对面授课模式中，即使学生去上课，谁又能保证他们真的会听讲呢？巴布森调查课题组的数据显示，40%的教师认为较之面对面授课模式，在线课程更难保持学生的学习热情。这一结果当然还取决于被采访教师所在学校的类型及其学生年龄，而且在阶梯教师给 300 人上课，与给 40 人的小班授课，效果肯定不一样。但不可否认，缺少助教指导的慕课的确存在这样的问题。

教学的理想状态当然是将所有有学习动机的学生聚拢到阶梯教室，教师站在讲台上授课，也就不需要慕课或远程教育了。但这是不可能的，慕课大潮势不可挡，那为什么不好好利用这一学习工具呢？同慕课一样，开源软件最初也同样遭遇质疑：人们不相信开发商的产品质量和动机。然而这些开发者抓住机会证明了自己的才能和技术，向我们展示了免费软件和专属软件一样好，从而平息了所有的质疑。因此，我们今天看到了在全世界广泛应用的开源软件。

我们可以设想免费慕课会沿着开源软件的道路走下去：将自己含金量高的课程置于网上，充分展示创建者的知识和教学能力，因此所带来的成就感足以驱动大量高质课程的产生。无论如何，慕课正在成为开放教育资源运动中最显著的元素。随着慕课范围的逐渐拓宽，必将像开源软件一样带动相关商业活动。未来很有可能出现围绕优秀慕课的私人助教服务行业。在很多欧洲国家，医学专业的免费在线课程已经使得付费指导服务行业开始不断涌现。通常，这些服务机构会在医学机构附近打广告，提供助教、作业批改、考前准备等服务支持。目前，这种助教服务已经在医学专业预备阶段的学生中得以广泛推广，正不断延伸至中学的高年级学生中间。

最后，我们再来讨论一点关于慕课的质疑：有些人将慕课的高退课率归咎为课程时长过长，因而导致学习者的厌倦感。人们讨论这一点时，总是愿意拿慕课跟夜校或者其他那些繁忙工作日程外要学习的课程相比。有时，要完成“额外的”课程是要付出努力的。有些创业者也正在试图将慕课变短，如一名叫作帕维尔·迪米特里耶夫（Pavel Dimitriev）的企业家创造了一种新概念——“迷你慕课”，时长仅为几分钟。他因此成立了自己的Coursmos公司，专门致力于普及这一概念。老师置于网上的课程如果收费，那么Coursmos公司将抽取9%的利润。另一个例子是全球最大的科技博客Techcrunch旗下的Mindsky，由克里斯蒂安·欧文斯（Christian Owens）创办。该公司提供的迷你慕课有5 000门，每门49美元，也可以以每29美元的价格订阅。我们可以看到，慕课在在线学习领域所掀起的热潮丝毫没有消退的迹象。未来，我们肯定还会看到更多这方面的项目，让远程教育再次焕发光彩。

我们在本书中想向读者展现的是，慕课带来的也许并不是一场教育革命，但是慕课可以更好地服务于那些无法亲身走进校园接受教育的学习者。慕课是远程教育的一种模式，可能比不上现场聆听名师大家讲课，但总比根本听不到要好。此外，如果慕课可以一直免费，那么慕课潮将是功德无量的，值得去推进的。接下来，我们讨论一下慕课未来的发展道路。

慕课开发的动机和受众

从上文尤其是第 5 章的相关讨论中，我们可以得出这样的结论：慕课的主要受众并非那些即将走进大学校园的学生。但事实上，那些背负着父母的期望，刚刚努力完成了高中结业考试的学生们根本不可能清楚接下来要为谁学，因此可能缺乏学习动机。这些学生也可以在慕课的世界里畅游一番，开阔视野，进行自我定位。这一工作应该在他们进入大学之前完成。我们现在的做法是让学生自己坐在电脑前搜索自己的“后高中时代”教育，与其这样，倒不如开设专门指导高中毕业生如何选择大学的慕课课程。宾夕法尼亚大学为海外学生提供名为《美国大学申请》（*Applying to US universities*）的慕课课程，帮助他们浏览熟悉美国的高校系统。这一置于 Coursera 平台上的慕课课程还有一个辅助项目（需要花费 1 100 美元），可以帮助学生完成申请表、求职（学）信以及个人履历表的填写。edX 上也有一门类似的慕课课程，由加州大学伯克利分校开设。

大学教育和大学教师在青年人中间扮演的角色是帮助学生构建人格、开发学生的学习动机、找到未来的职业方向。这一点是慕课无法做到的。正因为如此，职业培训的慕课课程往往吸引的都是相对比较成熟的学习者（一般都有本科或硕士以上学历），或有一定工作经验、希望提高职业技能、变换职业或者找到工作的继续教育人士。

慕课的另一大潜在学习群体是那些纯粹喜欢探索新知识的人（可以来自任何年龄段）以及那些寻求个人竞争优势的人。第二种群体一般是那些已经决定自己职业方向、想要找到相关工作的人，或者是那些刚刚步入社会的年轻人以及各年龄段的继续教育人士。斯坦福大学在Coursera上有一门关于如何创建公司的课程，名为“创业项目工程”（Startup Engineering）。每一个课程学习者都必须搭建自己的创业项目，课程会评出其中最好的项目，从而带动良性竞争。这些人都希望获得自己所参加的慕课的结课认证。

按照上面的思路，根据不同受众群体，我们有两个视角来回答这个问题——为什么要开发慕课。

对于在校大学生，或者无法走进大学校园的高校适龄学生而言，构建慕课的原因如下：

- 增强对某一话题的思考意识，帮助他们找到人生方向；
- 面向无法出现在传统课堂的学生，尤其是需要兼职的学生；
- 面向所有高等教育资源匮乏的国家（非洲、亚洲以及拉丁美洲的国家）的学生，只要语言条件允许；
- 为所有学生提供教育资源；
- 替代阶梯教师授课，利用小型私人在线课程式的慕课，实现“翻转课堂”。

对于对以上目标感兴趣的高校机构而言，开发慕课还可以提升自身声望，向外界成功推销自己：

- 慕课可以开发和提升授课机构的声望，使其“声名远扬”；
- 高质量的慕课可以吸引海外学子到该校深造；
- 为发展中国家的教育事业提供帮助。

对于终身教育和个人自我完善，构建慕课课程的原因如下：

- 职业技能培训课程可以帮助学习者专业化、提高以及拓展自身的职业技能；
- 企业培训；
- 与其他人分享专业知识或人类的智慧。

当然，每个人的学习目标不尽相同，但以上这些目标足以吸引大批的慕课学习者。

霍兰德和特里哈迪（Holland and Trithali）在他们2014年进行的调查中，从慕课开发者的角度讨论了这一话题。以下是调查对象所陈述的构建慕课的动机：

- 延伸本校的触角，拓展教育路径；
- 建立、维护自身品牌；
- 降低教育成本、增加教育收入以改变经济状况；
- 提高慕课学习者和在校学生的学习效果；
- 教学改革；
- 对教学状况进行研究。

关于第一个目的，很多被采访对象都提到了继续教育。可以看出，慕课在继续教育中的应用是最切实可行的。但是他们在2011—2012年宣称的“面向大规模学习者的、质优价廉的慕课指日可待”的说法，在我们看来是一种谬误。慕课，尤其是“翻转课堂”开发费用是比较高的。此外，无论课程规模大小，没有学习动机的人是不可能有学习效果的，而慕课本身并不能解决这一问题，除非是那些已经走入社会一段时间的人。

提升自身形象，建立品牌是各高校机构的普遍共识。

所列第三个目标似乎有些过于乐观，因为目前还没有一个行之有效的经济模式来确保慕课开发的资金。目前看来，最好的发展方向是终身教育领域及（各行业公认的）职业培训领域。

第四个目标的学习效果与提高教学效度有关。目前，已经有一系列的教学实验证明使用慕课、翻转教学法以及定期（在线或其他方式）测试有助于提高学生的学习效果，尤其是对那些学习一般的学生而言。当然，这种学习效度的提高需要更多的（资金、时间以及精力）投入，因此也有人质疑这种教学模式是否值得推广。另一个问题是，这种模式是否容易效仿。目前大部分的慕课实验都是由那些有经验、有强烈动机的教学团队进行。如果是一般老师使用这种模式，也会有同样的效果吗？众所周知，在一些领域，尤其是教学领域，根据霍桑效应的说法，所有的实验都会成功。毕竟，如前所述，人的因素在教育领域至关重要。目前还没有真正的学术研究探讨大规模使用此教学模式的可行性。因此，“决策制定者在考虑开发慕课时，一定要清楚慕课提升教育质量、学习效果的效度和成本效益”。

最后两个目标都跟教学创新和教育复兴有关，一般涉及翻转教学、准持续性评估（near-continuous assessment）、使用视频及网络文档这样的理念。有教学经验的老师都明白，今天的学生对互联网、智能手机、平板电脑以及互动游戏通晓热衷，很难再用已经使用了两千年的“自上而下”的方法去授课了。如今的学生很难长时间集中注意力听讲，他们喜欢视频和虚拟资料，不想只是对着书本学习。学生的需求在变，我们的教学必须作出回应，而翻转教学法无疑是一个很好的选择。同样地，老师也可以将慕课看成是课程资源的一种。学生喜欢自己能够主动参与的课堂，喜欢在课堂上提出自己的问题。而同学间互评的课上报告，尽管其通常只是网上资料的堆砌，但它能够“取悦”学生，让他们摆脱传统课堂里被动学习的角色。现在说教学法革命可能为时尚早，但无疑依托慕课的理念是未来教学的走势。

如果我们把眼光放得更远一些，在这里可以谈谈教育的“规模定制”。未来的在线教学能否根据学生的反馈、测试结果及其他评测手段为学生定制个性化课程？我们对这一研究领域并不陌生，但目前进展缓慢。慕课恰好可以将这一话题推到风口浪尖。

我们可以很谨慎地说，慕课和翻转教学为我们开辟了一条值得去探索的大道。因此，在本书结束之前，我们希望探讨一下如何帮助推进慕课的发展，当然这还是要看慕课的开发者是谁以及慕课的受众是谁。

如何推动支持慕课的开发

硬件平台和软件平台

在第 2 章中，我们探论了慕课的开发费用。一般而言，一门标准的慕课课程由 8 个小时的授课构成，同时辅以相关练习、阅读书目以及各种测试。这样的慕课在开发和调试阶段需要每位开发人员 3 ~ 6 个月的工作量，总费用达 50 000 美元。这其中，我们并没有考虑慕课相关的基础设施、工作环境以及知识储备的费用；我们假设这些都是慕课开发团队已经占有的资源，是免费的。我们还要假设慕课开发者的基础投资（开发软件、录影室等）已经完成，不需要占用慕课开发团队的预算。但人力资源不可能是一次性投资，因此会产生慕课的边际成本。如果我们希望鼓励高等教育机构开发慕课课程，那么开发工作需要计入教师的岗位职责。让原本面对面授课的教师改为利用慕课授课，可能需要高校花费额外的费用。但这也很难讲，因为如果慕课能够被有效地反复利用，那么授课教师其实是可以减少时间付出的。无论怎样，教师设计和构建慕课所付出的时间应该计入其工作量并予以报酬。这一问题目前可能还没有凸显出来，毕竟慕课开发人员通常会凭借着对新科技的热忱而自愿投入时间和精力的。但如果高校真的想要鼓励教师创建慕课，就必须给予老师一定的鼓励政策。

当然，不能将慕课创建看作老师的爱好，而应看作教师在履行岗位职责。另外，高校必须意识到慕课短期内不会带来收益，但对提升学校声望、吸引更多学子肯定是有帮助。因此高校必须为创建慕课预留一部分资金，并努力通过其他渠道（如捐款、在国内或国际上进行招投标等）获取更多资源。

第二点是如何获得创建慕课所需的物质资源。想要创建合格的慕课课程（如前所述，慕课的质量水平至关重要），必须要有录影室，至少可以对授课过程进行录像，合成脚本录像，在录制过程中注入动态效果。其次还需要有慕课编辑软件，就像书籍出版离不开页面设置软件一样。最后，还需要一台高性能的服务器以应付未来的大规模链接，且工作人员要熟悉如何操作和维护该服务器。编辑软件、服务器硬件以及服务软件（用以回答问题、搭建论坛、管理注册、联通教师、统计分析，等等）这三者在一起构成了慕课平台。然而，大家必须要清楚，尽管编辑和服务软件是慕课开发的一部分，但所占比重并不大，因此这一块的投资并不多，尤其是考虑到目前已经有开源软件包和像 Moodle 这样的现成学习管理系统可用。另一方面，如同拥有合格的操作工程师一样，拥有可以处理 50 000 个链接的服务器甚至是云则意味着不小的花费。虽然我们经常用“慕课平台”来统称其中所涉及的软件和硬件，但我们不能将二者混淆。有时两个平台可能使用同样的软件，但是服务器却是不同的。此外，二者的花费也是不同的。

许多没有在线教育经验的人由于各种各样的原因也开始创建慕课，如旅游外宣、公共设施使用（如医疗设施）、中小学学生活动、企事业员工继续教育等。这些人会发现有充足的、可以提供慕课平台和服务市场资源：面向中小学的慕课课程放在一个平台，进行旅游外宣的课程则放在另外一个平台上。我们认为，拥有门户网站路径，无论对公共机构还是私人机构都具有现实意义。未来很有可能会出现更多的平台和服务器群集，但重要的是，拥有这些慕课课程的门户网站将资源提供给有需求的尤其是偏远地区的受众。拥有了门户界面后，下一步就是要鼓励创建慕课了。

鼓励慕课开发者

上述论述可能使大家认为慕课的开发者创建慕课课程是兴趣使然，因此无需鼓励机制的介入。在学校，只要有合适的开发资源，情况可能的确如此。当开发者为了提高声望而创建慕课课程时，车轮就已经开始运转，开发工程就会自我驱动着向前推进。如果是为校内使用而创建慕课，向翻转教学或小型私人在线课程教学过渡，那么学校就必须要提供完善的政策和激励制度，哪怕这种激励政策只是以薪酬的形式承认教师在慕课开发中的投入。

扩展到更大的地理范围，鼓励创建关于当地资源、博物馆、历史、餐饮、美食的慕课则十分容易。世界著名厨师阿兰·杜卡斯（Alain Ducasse）受到可汗学院的启发，不用任何政府激励政策就创建了自己的虚拟校园，提供烹饪和美食课程。这些慕课课程主要面向观光游客，或者那些对异地历史、风土人情感兴趣的人，这正好符合慕课的理念。为不同国家的游客提供各种语言版本的外宣慕课肯定是非常受欢迎的。但开发这些慕课的意义远不止如此：这些慕课会导致专门慕课平台的创建，从而为当地的人才提供展示自我才能的舞台。当地相关机构还可以创立"慕课开发室"，为慕课设计者提供相关信息、专业知识及技术支持、录影室以及课程操作平台（不考虑场地费用及运行费用的话，以上大概需要 500 000 美元资金，不过其中的软件和硬件费用可以由各共享机构分摊）。无论是否有合作伙伴，当地至少要像波士顿那样，拥有慕课课程的门户网站，专门用来展示有意愿的开发者的才能。

如何支持慕课的使用者

为了能够有效地使用慕课，慕课学习者除了需要电脑外，最好不要与外界完全隔离。以往很多经验证明了，如果想让慕课学习者坚持完成课程，那需要让他们有机会聚在一起交流思想。在第3章中我们提到了“集会”这一概念。虽然学习者可以通过聊天室、论坛等板块相互交流，但这与面对面还是有所不同的。2013年的柏林在线教育大会上有一位来自法兰克福的慕课学习者，成功地完成了几门慕课课程，并向与会者展示了他是如何建立了一个由72个当地慕课学习者组成的学习小组的，这些学习者会定期聚会交流思想。解决这一问题可以有两种策略：一种是帮助学习者创建社交群或论坛，促进学习者之间的相互帮助和激励；第二种策略是提供慕课助教。执行第一种策略最简单的方法是为慕课学习者提供在当地集会地点，保证学习者在集会地点可以获取慕课课程的所有信息，最好配有自助平台，为那些家中没有电脑的学习者提供服务。

对于那些高等教育资源或职业培训资源匮乏、甚至缺乏的国家来说，使用慕课并非一个乌托邦式的理念；实际上，慕课是当地人的迫切需求，应该得到政府和慈善机构的鼓励和资助。如前所述，为使慕课策略得以顺利运行，需要配备一名以上的当地助教，鼓励学习者跟上课程进度、指导批改作业，甚至可以根据学生课程掌握情况添加作业。助教的角色非常重要，可以帮助发现学习者经常性的错误理解，同时还是学习者和慕课负责团队之间的沟通桥梁。

前文提到，很多资料表明这种慕课方式是行之有效的。此外，助教还可以作为当地考试的监考官。我们认为，这种方式对于高等教育还不发达的国家是最好的远程教育模式。当然，助教在上岗前应该先接受培训，上岗后要保持与慕课团队的联系。助教培训对慕课设计者和慕课使用者都有帮助。在高等教育资源匮乏的国家，培训助教也是帮助这些发展中国家的一种方式。如同护士培训一样，慕课助教也可以在大学接受培训然后指导支持本校的一门或多门慕课课程。

数字化学习工作室

我们回顾一下本书前文所讲：出于教学法方面和提高声望的需求，慕课将在高等教育领域逐渐发展起来。为了与其他高校竞争，一些高校会毫不犹豫地将慕课以及翻转教学方法作为自身的卖点。加之学生的呼声，大学低年级阶段阶梯教室授课的方式将逐渐被淘汰。我们无需介入这一演变过程，就如同“数字化革命”一样，尽管这一发展进程会很慢，但却是不可避免的。

然而，对于终身教育领域，唯意志论的政策可能会受欢迎。慕课可以面向非常广泛、多种多样的受众。目前，终身教育同未来职业培训一样，在很多国家非常紧缺。学校由于其自身在工作机会方面的局限性，很难对市场需求做出及时调整；同样的问题也存在于很多教育机构中间，这些机构通常都是以培训师而非学生的需求为导向的。在当今这样一个瞬息万变的世界里，学校很难教授学生如何去应对目前尚不存在、本质不可预见的未来工作。因此，如何应对新兴的工作机遇就成了永恒不变的教育话题。而慕课在这方面可以更灵活、更快速地作出回应。我们已经在计算机科学领域见证了这一景象。

为那些找工作的人以及寻求自我增值的人创建专门空间，使他们可以在线查找教育资源、享受教育权利以及找到符合其职业路径的优质慕课，这无疑是对他们的一大福利。新一代用来推广慕课的“学习中心”很可能是未来图书馆的一个发展方向。不用 15 年的时间，所有的书籍都会数字化，人们可以按需打印（Print on Demand，POD）自己的纸质书籍。美国波士顿市同 edX 平台合作，进行了这方面的实验，名为 BostonX。项目的目的是为波士顿的市民以及社区大学学生在当地图书馆以及社区大学内提供慕课学习平台。

在这种“新时代”图书馆或学习中心里，数字化学习工作室除提供信息之外，还会提供创建慕课所需的录影室、软件平台使用的技术指导，以及专业公司的慕课创建服务。这一切都将为慕课设计者提供有效的帮助。同时，数字化学习工作室还可以为慕课创业公司提供“展销厅”和活动地点。

这些学习中心同时配备计算机自助台供那些家里没有电脑或无适宜学习环境的慕课学习者使用。这些人也可以（在有限的机时内）利用计算机寻找和申请工作。

此外，这些学习中心还可以提供会议室供慕课学习者会面交流。在会议室中，学习者可以与慕课助教、已经完成慕课课程的学习者以及对某一科目相当了解的人面对面进行交流。会议室就是慕课学习者（代际）交流的实体论坛，尤其是对联通型慕课的学习者而言。

MOOCs: Design, Use and Business Models

ISBN: 978-1848218017

图书在版编目（CIP）数据

如何设计优质慕课：探索慕课未来的商业模式 /（法）让 - 查尔斯 • 庞马隆（Jean-Charles Pomerol），（法）伊夫 • 埃佩尔布安（Yves Epelboin），（法）克莱尔 • 图里（Claire Thoury）著；韩微，李丹莉译；田雷审译 .—北京：中国人民大学出版社，2016.8

书名原文：MOOCs：Design，Use and Business Models

ISBN 978-7-300-23093-1

Ⅰ . ①如… Ⅱ . ①让… ②伊… ③克… ④韩… ⑤李… ⑥田… Ⅲ . ①网络教学—商业模式—研究 Ⅳ . ① G434

中国版本图书馆 CIP 数据核字（2016）第 157274 号

如何设计优质慕课：探索慕课未来的商业模式

让 - 查尔斯 • 庞马隆
[法] 伊夫 • 埃佩尔布安 著
克莱尔 • 图里
韩 微 李丹莉 译 田 雷 审译

Ruhe Sheji Youzhi Muke：Tansuo Muke Weilai de Shangye Moshi

出版发行 中国人民大学出版社
社　　址 北京中关村大街 31 号　　**邮政编码** 100080
电　　话 010-62511242（总编室）　　010-62511770（质管部）
010-82501766（邮购部）　　010-62514148（门市部）
010-62515195（发行公司）　　010-62515275（盗版举报）
网　　址 http：//www.crup.com.cn
http：//www.ttrnet.com（人大教研网）
经　　销 新华书店
印　　刷 北京中印联印务有限公司
规　　格 145mm×210mm 32 开本　　**版　　次** 2016 年 8 月第 1 版
印　　张 5.25 插页 1　　**印　　次** 2016 年 8 月第 1 次印刷
字　　数 80 000　　**定　　价** 45.00 元